二战经典**战役**系列丛书

战魔行动巴巴罗萨

白隼　编著

北方联合出版传媒(集团)股份有限公司

万卷出版公司

ⓒ 白隼 2018

图书在版编目（CIP）数据

战魔行动巴巴罗萨 / 白隼编著. — 沈阳：万卷出
版公司，2018.8
（二战经典战役系列丛书）
ISBN 978-7-5470-4992-1

Ⅰ . ①战… Ⅱ . ①白… Ⅲ . ①德国对苏联突然袭击（
1941）- 史料 Ⅳ.①E512.9

中国版本图书馆CIP数据核字（2018）第153503号

出 品 人：刘一秀
出版发行：北方联合出版传媒（集团）股份有限公司
　　　　　万卷出版公司
　　　　　（地址：沈阳市和平区十一纬路25号　邮编：110003）
印 刷 者：辽宁新华印务有限公司
经 销 者：全国新华书店
幅面尺寸：170mm×240mm
字　　数：200千字
印　　张：14
出版时间：2018年8月第1版
印刷时间：2018年8月第1次印刷
丛书策划：陈亚明　李文天
责任编辑：赵新楠
特约编辑：吴海兵
责任校对：张希茹
装帧设计：亓子奇
ISBN 978-7-5470-4992-1
定　　价：49.80元
联系电话：024-23284090
传　　真：024-23284448

前　言

　　1931 年 9 月 18 日，日本关东军在沈阳制造了九一八事变，日本帝国主义的魔爪开始伸向有着五千年文明的中华大地，中国最屈辱的历史从此开始。1939 年 9 月 1 日，希特勒独裁下的德国军队闪击波兰，欧洲大地不再太平，欧洲人的血泪史从此开始书写。一年后，德国、意大利、日本三个武装到牙齿的独裁国家结盟，"轴心国"三个字由此成为恐怖、邪恶、嗜血的代名词。

　　德、意、日三国结盟将侵略战争推向极致。这场战争不仅旷日持久，而且影响深远。人类自有战争以来从未有过如此大规模、大杀伤力、大破坏力的合伙野蛮入侵。"轴心国"的疯狂侵略令全世界震惊。

　　面对强悍到无以复加的德国战车，面对日本军队疯狂的武士道自杀式攻击，被侵略民族不但没有胆怯，反而挺身而出，为了民族独立，为了世界和平，他们用一腔热血抒写不屈的抵抗，用超人的智慧和钢铁意志毫不犹豫地击碎法西斯野兽的头颅。

战役是孕育名将的土壤，而名将则让这块土壤更加肥沃。这场规模空前的世界大战，在给全世界人民带来无尽灾难的同时，也造就了军事史上几十个伟大的经典战役，而这些经典战役又孕育出永载史册的伟大军事家。如果把战役比作耀眼华贵的桂冠，那么战役中涌现出的名将则是桂冠上夺目的明珠。桂冠因明珠而生辉，明珠因桂冠而增色。

鉴于此，我们编辑出版了这套《二战经典战役系列丛书》。其实，编辑出版这套丛书是我们早已有之的宏愿，从选题论证、搜集资料、确定方向到编撰成稿，历经六个春秋。最终确定下来的这 20 个战役可谓经典中的经典，如历史上规模最大的海战莱特湾大战，历史上规模最大的航母绝杀，历史上规模最大、最惨烈的库尔斯克坦克绞杀战……我们经过精心比对遴选出的这些战役，个个都特色鲜明，要么让人热血沸腾，要么让人拍案叫绝，要么让人扼腕叹息，抑或兼而有之。这些战役资料的整理花费了我们相当多的时间和精力，兴奋、激动、彷徨、纠结，一言难尽。个中滋味，唯有当事人晓得。

20 个战役确定下来后就是内容结构的搭建问题。我们反复比对已出版的类似书籍，经过研究论证，最终形成了自己的特色。历史拐点（时间点）往往是爆发点，决定历史的走向，而在这个历史拐点上，世界上其他地方正在发生什么？相信很多人对此都会比较感兴趣。因此，我们摒弃了传统的单纯纪事本末叙述方式，采用以时间轴为主兼顾本末纪事的新颖体例。具体来说，就是在按时间叙事的同时，穿插同一时间点上其他战场在发生什么，尤其是适当地插入中国战场的情况，扩大了读者的视野。

本套丛书共 20 册，每册一个战役，图文并茂，具有叙事的准确性与故事的可读性，并以对话凸显人物性格和战争的激烈与残酷。每册包含几十幅精美图片，并配有极具个性的图说，以图点文，以文释图，图文相得益彰。另外，本套丛书还加入了大量的原始资料（文件、命令、讲话），并使其自然融入相关内容。这样，在可读性的基础上，这套丛书又具备了一定的史料价值，历史真实感呼之欲出，让读者朋友不由自主地产生一种穿越的幻觉。

本套丛书的宗旨是让读者朋友在轻松阅读的同时，对第二次世界大战有一个整体的认知，力求用相关人物的命令、信件、讲话帮助读者触摸真实的历史、真实的战场，真切感受浓浓的硝烟、扑鼻的血腥和二战灵魂人物举手投足间摄人心魄的魅力。

品读战役，也是在品读英雄、品读人生，更是在品读历史。战役有血雨腥风，但也呼唤人道。真正的名将是为阻止战争而战的，他们虽手持利剑，心中呼唤的却是和平。相信读者朋友在读过本套丛书后，能够对战争和名将有一个不一样的认识。

最后，谨以此书献给那些为和平、为幸福奋斗不息的人们！

目　录

第一章

阴谋下的握手

　　英法两国本想把祸水引向东方的苏联，却不承想搬起石头砸了自己的脚，最终为此付出了惨重的代价。更有意思的是，《苏德互不侵犯条约》公布时，参加英法苏三国军事谈判的英国和法国代表团依然在莫斯科兢兢业业地忙碌着。

◎ 狱中著书

  闪击波兰，横扫欧洲，号称欧洲第一强国的法兰西仅仅五十多天便俯首称臣。一连串的巨大战果，进一步坚定了希特勒寻求更大更广"生存空间"的野心，征服一切的欲望如即将喷发的火山在他胸中激荡，令他坐卧不宁。

  1940 年 7 月 10 日，在彻底征服法国不足一个月，这位战争狂人便按捺不住心中激荡的烈焰，下令他的钢铁"雄鹰"扑向大英帝国。希特勒要一鼓作气将西线对手个个征服，他要让西线彻底无战事，然后腾出手来收拾东线更加强劲的对手。因为他还有更大的野心，他不想跟上次世界大战那样令德国陷入两线作战、腹背受敌的困境。

  希特勒下令纳粹德国的飞机倾巢出动，大规模轰炸英国的重要城市和港口。可惜，上天没有眷顾这位一门心思要缔造历史的战争狂人，轰炸持续 10个月了，英国非但没有投降的迹象，反而坚强地支撑了下来。这样的局面，是希特勒绝没有想到的，他有点坐立不安了。1941 年 5 月 10 日，希特勒终于下令德军暂停对英国的大规模轰炸，将注意力转向东线的苏联，并且命令最高统帅部加紧巴巴罗萨计划的实施。他要征服更加强悍的对手，这一天等很久了。

希特勒蓄谋已久，很早就对苏联广袤无垠的大地垂涎三尺。只不过那个时候，纳粹德国的力量还比较弱，希特勒自认还是一只羽翼未丰的雏鹰，只能忍气吞声主动向苏联抛出橄榄枝，以示安抚。苏联领导人斯大林对希特勒的真实目的心知肚明，只是他觉得苏联也需要韬光养晦，积蓄力量，于是德苏之间便上演了一系列携手合作的"祥和"场面。

"战争狂魔"希特勒

1924年，正是春暖花开时节，在慕尼黑以西80公里的莱茵河盆地的小镇兰德斯堡的前炮台监狱里，关押着一个日后注定要给人类带来一场空前灾难的狂人。他就是德国纳粹党的领袖、后来发动第二次世界大战的罪魁祸首阿道夫·希特勒。此时，他因为发动了著名的 1923 年 11 月 8 日夜间的"啤酒馆政变"，作为一名囚徒被囚禁在这里。

一般人认为，监狱中的生活必定是艰苦而枯燥的，可是这位"造反派"在狱中的处境却非常人想的那样。狱中的希特勒受到贵宾级的待遇，独处一室，窗外是迷人的景色。他想到了一个消磨时光的办法——自述经历。于是，希特勒开始构思那本他日后引以为荣的《我的奋斗》，向世人展露其野心勃勃的梦想。他婉拒不断来访的宾客，召来战友兼狱友鲁道夫·赫斯，向他一章一节地口述《我的奋斗》。当初，希特勒把书名定为《四年半来对谎言、愚蠢和胆怯的斗争》，出版商马克斯·阿曼觉得这个书名太累赘，在征得希特勒同意后，将其改为《我的奋斗》。希特勒任总理的头一年，《我的奋斗》销售高达 100 万册，版税收入 100 多万马克，成为德国最时髦的作家，同时也迈入百万富翁的行列。

希特勒在自述中阐述了冠冕堂皇的"生存空间"思想，发誓要为德意志民族的发展攫取足够的"生存空间"，"用德国的剑为德国的犁开辟广阔的土地"，而其剑锋所指的主要对象之一便是位于德国东部的强劲对手——苏联。按照当时的人口统计，一个苏联人占有的土地面积是一个德国人的 18 倍。可是，在希特勒看来，斯拉夫这个"劣等民族"哪配占有这么多肥沃土地，所以德国必须消灭苏联，以扩大自己的"生存空间"。希特勒曾对他的将领们不止一次地说过，在称霸欧洲大陆之后，"不管怎样，要继续向东突进……必须把苏联从欧洲大陆国家的名单中抹掉……"

◎ 孤独的苏联

苏联于 1917 年爆发了十月革命，之后因意识形态问题与英法德等西方国家的矛盾开始激化。进入 20 世纪 30 年代，西方国家的主要战略对手开始转向苏联，尤其是希特勒的纳粹德国向来仇视共产主义，加上苏联在东欧地区利益问题上与德国有着很大的矛盾。对苏联来讲，英法是老牌帝国主义国家，而德国的崛起则直接危及苏联的安全。就这样，英法、德国与苏联三方之间的博弈开始了。纳粹德国一面叫嚣着"要消灭社会主义苏联"，一面加紧扩军备战。面对咄咄逼人的德国，英法等西方国家妥协忍让，希望德国停止扩张，甚至幻想德国作为他们的枪手跟苏联不断制造摩擦。

1936 年 7 月，西班牙内战爆发。作为交战一方的西班牙共和国政府向欧洲和苏联寻求支援，作为反政府一方的佛朗哥领导的民族主义党则得到了德国和意大利法西斯政府的支持。不论德国人、意大利人还是苏联人，这场冲突都为其提供了千载难逢的实战机会，以检验他们的装甲战和空战理论。苏联政府向西班牙共和国政府提供了 730 辆 T-26 型坦克以及一些使用美国"克里斯蒂"减震系统的系列坦克；德国政府向佛朗哥军队运去了 PzKpfw-I 型坦克，意大利提供的则是菲亚特公司生产的 CV-33 小型坦克。

西班牙内战

10 月 29 日，苏联将军帕夫洛夫指挥 50 辆坦克，会同西班牙共和国政府军队在埃斯基维亚斯发动了一次装甲纵深突击行动。1937 年 3 月，他再次在瓜达拉哈拉发动了一次突击。然而，由于缺乏步兵支援和后勤补给，这两次突击行动均以失败告终。对此，许多评论家断定，坦克应当与步兵协同进攻，不能用来实施纵深突击。 在此期间，苏联一个坦克设计小组开始着手设计一种可以取代系列快速坦克的中型坦克，将使用"克里斯蒂"减震系统、宽履带、斜角装甲和 1 门 76 毫米口径的大威力火炮。

在西班牙战场上，德国空军秃鹰军团充分认识到了空中力量的优点和缺陷。最惨烈的一次轰炸是 4 月 26 日对于巴斯克城镇格尔尼卡的空袭，9 架飞机共投掷了 7950 公斤炸弹，对城镇外的军事目标进行了毁灭性的轰炸。后来，尽管人们对于轰炸所导致的具体伤亡数字争执不休（有人称死了 100 人，有人说死了 1600 人），但唯一一个不争的事实是整个城镇 71% 的建筑物毁于战火。通过格尔尼卡的轰炸可以看出，战术轰炸以及后来的战略轰炸实际上是一把双刃剑，有时候不但没有击中目标，反而会引起舆论的轩然大波。

1937 年 5 月 28 日，推行绥靖政策的张伯伦出任英国首相。主战的丘吉尔为了进入内阁，在发言中称赞张伯伦是杰出的议员和活动家。张伯伦担心丘吉尔所代表的主战派在政府中可能变得势力过于强大，因此不断排挤丘吉尔。张伯伦主张推动德国与苏联交战，这样既能消灭苏联，也能削弱德国。丘吉尔则到处演说，宣称德国是英国最大的威胁。

"绥靖首相"张伯伦

1938 年 3 月 17 日，苏联向英法等国建议召开国际联盟会议，讨论阻止德国继续扩张的问题，但是遭到英国的拒绝。英法对这一提议的反应加重了斯大林对他们"祸水东引"的疑惧。

9 月底，张伯伦前往慕尼黑，参加了英法德意四国首脑会议，签署了《慕尼黑协定》，把捷克斯洛伐克的苏台德地区割让给德国。丘吉尔主张与苏联和谈以阻止德国的膨胀，并表示《慕尼黑协定》会给英国带来严重的后果。作为世界大国的苏联，被英法德意等国孤立起来，在慕尼黑会议上没有看到苏联人的影子。

签订《慕尼黑协定》

这时的苏联对建立欧洲集体安全体系的迫切希望已经彻底失望。在欧洲大陆受到孤立、敌视和排斥的苏联面临着生死存亡的危险。在欧洲，苏联不断受到德国和意大利的武力恐吓，德国不断蚕食苏联的周边国家。在亚洲，日本在中国东北边境集结了一百多万关东军，宣称要灭亡苏联。

英法对新生的苏维埃政权的封锁政策使苏联的国际活动空间非常狭小。在极为不利的国际环境下，为了维护国家的安全，斯大林在外交上表现得越来越谨慎。斯大林认为，要让苏联在帝国主义国家的包围中强大起来，需要相当长的和平时期来发展工业和军事力量。推迟战争的爆发是斯大林最紧迫的任务。鉴于此，苏联在很长的一段时间里，把外交工作的重点放在维护和平上。

1939 年 3 月，斯大林在苏联共产党第十八次代表大会的工作报告中指出："我们要继续寻求防止战争爆发或者至少最大限度地推迟战争爆发时间的和平手段。在贯彻苏联的欧洲集体安全计划方面做一些新的尝试，决不容许建立广泛的反苏统一战线。遇事要慎之又慎，要充分分析欧洲帝国主义国家的关系和矛盾，不受敌人的挑拨。同时，采取一切必要的，甚至是非常的措施来加速使国家做好防御准备的工作，把增强红军和红海军的战斗力放在第一位……"

报告中，斯大林不时加强语气，然后停下来，会场上充满热烈的掌声，有时是连续几分钟暴风雨般的掌声。斯大林的判断和对策具有一定政治眼光，他也是在不断贯彻着这样的原则。二战爆发前，苏联先后与波兰、芬兰以及南面和西面的几乎所有邻国签署了双边及多边和平条约。不过，在德国的不断侵略扩张下，这些和平条约显得非常脆弱。

◎ 苏德合谋

1939 年 4 月，英法苏三国在莫斯科举行谈判。苏联的目的是签署一项军事互助合作协定，以便在未来一旦欧洲开战时，能够互相支援。然而，英法代表团态度非常傲慢，表现得很没诚意，谈判不断被拖延，到 8 月份还没有什么结果。这让斯大林觉得，英法根本不想跟苏联结盟。英法担心跟苏联结盟会过早地与德国为敌，所以只想利用与苏联谈判稍微牵制一下德国。斯大林觉得自己受到了欺骗，但他不得不忍耐下去。

在同英法的接触中，斯大林感到了问题的严重性。他发现了这些西方资本主义强国对苏联的敌视和对社会主义制度的蔑视，还有对工人阶级领导的共产主义运动的隐隐的恐惧。欧洲孕育着建立广泛的反苏联盟的危险，英法根本不打算遏制德国。斯大林在一次国内会议上说："难道未来的战争要从德国进攻苏联开始吗？那样的话，英法会看着我们和德国拼个头破血流，直到我们败了，英法才会对德宣战，就算我们艰难地战胜了德国，英法甚至美国也会借机扑过来！另外，不能忘记还有背后的日本，一旦日本在亚洲取得胜利，它会不会从远东的西伯利亚捅我们一刀子？不行，这太危险了！绝对不能让世界大战从我们这里开始，这是最坏的情况。最好是先让帝国主义列强们打起来，等他们筋疲力尽了，我们再……就像当年的美国。这是我们最好的结局。要实现这一目的，就必须在欧洲寻找盟友。英法不行，就只能试着接触危险的希特勒了。其实跟希特勒接触并不比与英法签订条约更危险，因为英法和纳粹德国一样，会在关键的时刻不讲信誉。重要的是，我们必须让希特勒感到，我们是安全的，至少与英法比起来我们更安全，只要让德国先从西欧开始战争，就能给我们争取一到两年的时间。"

斯大林从英国和法国那里没有看到合作的诚意，即使是面对希特勒的一次次背信弃义，英国和法国依然排斥苏联。斯大林开始重新审视自己的安全政策，他以前总想努力争取与英法结盟，现在却准备脱离英法，改行中立政策，不与任何国家结盟，避免苏联卷入战争。

斯大林曾派代表询问法国代表："如果波兰受到攻击，法国可以拿出多少个师来对付德国？"

法国代表说："100多个。"

苏联代表又问："英国能够拿出多少个师？"

英国代表答复："2个，以后再增加2个。"

苏联代表叹道："你们知道不知道，如果我们要打仗的话，得投入300个师以上。"

经过一段时间的接触，斯大林发现英国和法国政府并没有决定在波兰受到侵略的时候动武。英法两国只是希望英法苏以外交上的联合吓退德国。斯大林断定，他们这样做是不可能的。斯大林觉得，英国和法国不但没有任何诚意，而且张伯伦政府的根本目的就是纵容希特勒入侵波兰，进而威胁苏联。

张伯伦虽然不断派代表与苏联谈判结盟的事宜，但是他仍然希望与希特勒的谈判取得成功，这样导致了英国的信誉不断下降。在战略方面，英国人认为自己是海上霸主，主要负责对德国实施海上封锁和战略轰炸，地面作战应由盟友法国承担。法国人天真地认为德国在占领波兰后，下一个目标是苏联，而进攻法国至少是四五年以后的事。希特勒认为在正式发动波兰战役前，必须先改善德国的不利态势，避免英法苏三国结盟，尽可能排除像一战时那样，使德国陷入两线作战的泥潭。何况这个时候，希特勒即将对波兰下手，他明白战争一旦开始，再同英法保持和平就不可能了，必须一鼓作气横扫西欧，不然等英法准备好战争，再反扑过来，到那时实现称霸欧洲的目标就会困难得多。

其实，希特勒最不了解、最担心的对手是苏联。对于英法，希特勒能准确地说出两国有多少个步兵师、多少架飞机、多少艘战列舰和巡洋舰，战争潜力有多少，每年能生产多少坦克，补充多少兵员。然而，对于苏联，希特勒的情报工作再努力也只能是雾里看花，谁知道这个社会主义国家到底藏着多少个步兵师，每个师有多少人，更没法预计它的工业潜力。一旦在欧洲开战，斯大林会不会瞅准机会放冷枪？如果那样，德国的处境将非常危险。因此，他的打算是先稳住苏联这个神秘的巨人，等自己的装甲兵在一年多的时间内闪电般扫荡了欧洲大陆后，英国迫于德国的威势极有可能屈膝求和，到那时再调过头来对付苏联也不迟。

1939 年 5 月，德国外交部急召德国驻苏联大使舒伦堡回国。舒伦堡回到柏林后，受到外交部长里宾特洛甫的接见。里宾特洛甫命令舒伦堡回莫斯科后，态度友好地向苏联政府传达德国对苏联没有敌意，尽快查清苏联对德国的真正态度。舒伦堡问："在英法苏谈判期间，德国与苏联接洽是否合适？"里宾特洛甫说："英国和苏联不可能达成什么实质性的协议，元首不相信英国和法国会给予苏联真心实意的军事援助。这一点，元首的眼光可谓英明。"

舒伦堡回到莫斯科后，立即展开外交活动。他拜见了苏联外交人民委员莫洛托夫，向他转达了德国政府和人民对苏联政府和人民日益友好的诚意，要求与苏联恢复经济贸易谈判。随后，舒伦堡又与苏联其他领导人进行了会谈，反复强调改善德苏关系的重要性。

7月22日，在斯大林的授意下，苏德两国恢复贸易谈判。

7月26日，德国外交部官员尤利乌斯·施努尔在施莱兹饭店宴请苏联参赞阿斯塔霍夫和商务代表巴巴林，宴会一直继续到12点半。在这次宴会上，施努尔提出德国想与苏联完成一笔外贸交易。通过这些情报，德国向苏联反复强调绝不会进攻苏联，德国保证苏联置身于欧战之外。如果苏联愿意，还可以签署苏德间利益的协定。阿斯塔霍夫表示，与德国恢复正常关系符合两国的利益。此时，斯大林首先考虑的是苏联的安全问题，一旦拒绝与德国签订互不侵犯条约很可能招致战争。再加上英法美等国的态度，斯大林决定保持中立，让德国一门心思地对付英法。然而，斯大林又不希望德国吞并整个波兰，不想看到德国装甲师离苏联太近，于是提出了苏德共同瓜分波兰的建议。

◎ 条约签订

8 月 2 日，德国向苏联提出进行谈判，以便调整两国在黑海到波罗的海广大地区的利益关系，并建议签订一份德苏协议书。里宾特洛甫指示舒伦堡，要他立即求见莫洛托夫，提出德国外交部长访问苏联的请求。

8 月 19 日 19 点 10 分，里宾特洛甫在局势不断升温的焦虑中终于等到了舒伦堡从莫斯科发来的电报。舒伦堡在电报中说："苏联政府同意德国外交部长在经济协定宣告签字以后一星期到莫斯科来。莫洛托夫说，如果缔结经济协定的消息明天公布的话，德国外交部长就可以在 8 月 26 日或者 27 日到达莫斯科。莫洛托夫交给了我一份互不侵犯条约草案。关于我今天和莫洛托夫所作的两次谈话的详细报告以及草案的全文另行呈上。"

里宾特洛甫立即将这份电报交给希特勒。希特勒对苏联政府定的会谈时间感到不安，因为入侵波兰的"白色方案"即将于 9 月 1 日实施，倘若苏联政府有所拖延的话，"白色方案"将无法按照预定时间进行。

8 月 20 日，是个礼拜天，希特勒哪有心思做礼拜，他召集外交部长里宾特洛甫商讨如何让苏联政府同意会见提前进行。18 时 45 分，希特勒迫不及待地给斯大林发了一封电报。

约瑟夫·斯大林先生：

我衷心地欢迎新的德苏商务协定的签字，认为它是改变德苏关系的第一步，也是重要的一步。

对我来说，能与贵国政府缔结互不侵犯条约，意味着德国确立了长期政策。德国从此将恢复过去若干世纪中对我们两国都有益的政治方针。

我完全接受您的外交人民委员莫洛托夫先生拟定的互不侵犯条约草案，但是我认为迫切需要尽快澄清与之有关的问题。

假如有一位负责的德国政治家亲自到莫斯科谈判的话，我深信贵国政府所希望的补充议定书的内容在最短的时间内就能澄清。不然的话，德国政府就很难明白，该补充议定书如何才能在最短的时间内得到澄清并尽快加以解决。

德国和波兰的关系已经不可容忍，危机随时都会爆发。我们已经下决心从现在起用可支配下的一切手段来保护我们的国家利益。

我认为，既然我们两国都有建立彼此间关系的愿望，那么最好尽早能将这件事敲定。因此，我再次建议您最好在星期二，也就是 8 月 22 日，能接见一下我的外交部长，实在不行的话，那就星期三，也就是 8 月 23 日。德国外交部长有权代表我和德国政府来跟贵国代表拟定并签订互不侵犯条约和议定书。

鉴于当前紧张的国际形势，我们的外交部长在莫斯科可以逗留一天，至多不能超过两天。

我非常高兴地期待着您的尽快答复。

阿道夫·希特勒

这份冗长的电报发出去后，希特勒无法入睡。半夜，他仍然难以抑制极度紧张的心情，起来给戈林打了一个电话，向其表露了他内心的紧张和不安。

斯大林读出了希特勒电报中的暗示，他很可能要在 23 日之后某一天对波兰动手。战争迫在眉睫，希特勒这是在最后一次试探苏联的态度，他决定立刻和苏联签约，否则德国就很可能直接打过来。斯大林反复思考了与英法的谈判和与德国的接触，他明白，是该下决心的时候了，稍有疏忽就有可能将苏联拖入战争的泥潭。

斯大林深知，希特勒极富野心，但是毕竟他在欧洲大陆上与法国处于对峙状态，此时东进还有所顾虑。而英法更靠不住，即使跟他们签了条约，也会为了不与希特勒树敌不惜出卖苏联。他们想让苏联和德国斗个你死我活，自己坐收渔翁之利。想到这里，斯大林决定给希特勒回电。

8 月 21 日 21 时 35 分，希特勒终于盼到了斯大林的回电，他匆忙打开这份至关重要的电报：

阿道夫·希特勒先生：

感谢您的来电。我相信苏德互不侵犯条约会成为改善我们两国关系的一个决定性的转折点。

苏德两国人民需要彼此间的和平关系。贵国政府赞成缔结一项互不侵犯条约，为在我们两国之间消除政治方面的紧张状态并实现和平与合作提供了很好的基础。

苏联政府命我通知您，我们同意冯·里宾特洛甫先生于 8 月 23 日到达莫斯科。

约瑟夫·斯大林

8 月 23 日、24 日，里宾特洛甫突击访问了莫斯科，并于 23 日午夜和苏联外交人民委员莫洛托夫分别代表各自的政府签订了《德苏互不侵犯条约》。条约签字之前，斯大林接见了里宾特洛甫，两人秘密商定了协议的文本。里宾特洛甫在文本中加上了有关德苏两国结成友好关系的重要文字。

斯大林出席了签字仪式，事后他告诉里宾特洛甫，苏联政府是非常认真地对待这项新公约的，他可以用自己的名誉来担保，苏联决不会背叛它的伙伴。在随后举行的招待酒会上，斯大林高举酒杯对里宾特洛甫说："让我们举杯，祝愿希特勒健康！"

《苏德互不侵犯条约》主要内容如下：

（1）缔约国双方避免单独与其他国家联合，以任何暴力侵略或攻击行为加于对方；

（2）若第三国以类似战争之行动加诸缔约国之一方时，另一方不得予以该第三国任何援助；

（3）缔约国双方政府今后应就彼此有关的各项问题保持密切接触，并交换情报。

（4）缔约国一方，对于直接或间接以反对对方为目的的任何集团，均不得参加。

（5）缔约国双方政府在某种问题或其他问题上发生分歧或抵触时，不论性质如何，均采取和平方式、友好精神交换意见，必要时可组织仲裁委员会，以求解决。

（6）本条约有效期为 10 年，未经缔约国一方于期满一年以前通告废止，应自动延长 5 年。

（7）本条约应迅速予以批准，批准文件在柏林交换，签字后立即生效，本条约苏德两国文字各缮一份。

《苏德互不侵犯条约》签订的同时，双方还签署了一个划分势力范围的《秘密附属议定书》。议定书规定：在发生领土和政治变动时，双方势力以波罗的海沿岸地区的立陶宛北部边界、波兰的那累夫河－维斯瓦河－桑河为分界线，芬兰、爱沙尼亚、拉脱维亚属于苏联的势力范围；在东南欧，苏联关注比萨拉比亚地区的利益，德国默认苏联在这些地区的利益。苏联表示在德国入侵波兰时将宣布中立，以作回报。德国将送给苏联一块波兰的领土，作为苏联遭到入侵时的缓冲地带。里宾特洛甫几乎答应了斯大林的所有条件。事实证明，条约的签订成功地推迟了战争，为苏联带来了巨大的好处。其实，斯大林和希特勒都清楚，《苏德互不侵犯条约》只是两国为自保而不得不签的条约。条约一直维持到 1941 年 6 月 22 日德军大规模入侵苏联时才宣告放弃。

《苏德互不侵犯条约》其实就是两强瓜分其他主权国家领地的协议，它充分暴露了签约国双方的意图，两个国家都想在未来的战争中捞上一把，但又互相顾忌，于是提前划分好了地盘。尽管存在这个极不光彩的"秘密协定"，但是客观来说，这个条约确实为苏联争取了宝贵的战争准备时间。

《苏德互不侵犯条约》里有秘密条款在发生冲突时瓜分东欧为各自的范围

◎ 都在"演戏"

社会主义的苏联与长期以来政治上视为假想敌、宣传上痛骂为法西斯的德国签订互不侵犯条约，确实令苏联在政治上颇感尴尬。在同希特勒德国进行了长达 6 年之久的政治、外交对立之后"化敌为友"，的确不是一件光明正大的事情。正如后来斯大林所说，苏联政府在被德国劈头盖脸地骂了 6 年以后，不能一夜之间把一项苏德友好宣言拿到人民面前。

当德国外交部长里宾特洛甫于 23 日飞抵莫斯科时，全城竟然找不到一面可以用来欢迎德国外长的旗帜，最后还是在一家正在拍摄反纳粹电影的制片厂里找到了"道具"。苏联的广大党员不理解为什么同纳粹德国签订友好协定。

如果苏联同英法签订旨在制止纳粹德国侵略的协定，肯定比同纳粹德国签署条约更能得到国内进步力量的欢迎，也更能为国内人民所理解。然而，在当时的情况下，根本没有与英法签订条约的可能，英法两国对于谈判毫无诚意，而单独面对帝国主义列强是斯大林最不愿看到的。应该说是英法将苏联推到了纳粹德国这边。在签订条约的当天，里宾特洛甫对他的同僚说："今天签署了不列颠帝国的死刑判决书，并使我们有可能填上执行判决的日期。"

英法两国本想把祸水引向东方的苏联，却不想搬起石头砸了自己的脚，最终为此付出了惨重的代价。更有意思的是，《苏德互不侵犯条约》公布时，参加英法苏三国军事谈判的英国和法国代表团依然在莫斯科兢兢业业地忙碌着。

《苏德互不侵犯条约》一经发表就震惊了全世界。意大利和西班牙公开表示反对；日本反对的呼声更高，因为日本正在中蒙边境与苏军作战；英国对《苏德互不侵犯条约》的签署十分恼火，扬言要派间谍刺杀希特勒；苏联在条约签署后，赢得了短暂的和平。如果没有《苏德互不侵犯条约》，苏联会受到德、意、日的两面夹攻。斯大林曾对丘吉尔说过，他在 1939 年夏天时决定苏联不能被英法骗到单独对德国作战的不利局面中去。如果同英法结成同盟的希望无法实现的话，为什么不联合德国呢？丘吉尔不得不承认："苏联与德国做交易固然令人反感，但是在当时是最有利于苏联的。斯大林优先考虑的是苏联的战略安全。"

斯大林心中明白，《苏德互不侵犯条约》早晚有一天会被希特勒丢进垃圾桶。战争只是被暂时推迟，根本无法避免。

希特勒与苏联政府达成交易后，担心苏联不会出兵波兰。德军开始进入波兰两天后，希特勒就开始催促苏联出兵。对于苏德两国为什么能够联合在一起，时任英国海军大臣的丘吉尔认为，虽然苏德两国瓜分波兰的和约正式签字，但苏德之间有着深仇大恨，这种仇恨绝难消除。丘吉尔准备从大局出发，依然将苏联视为可以团结的盟友，计划与苏联联手共同遏制德国的强大攻势。

德国闪击波兰

其实，希特勒的目光一刻也没有离开过苏联，对于《苏德互不侵犯条约》，他说："这是同我们必须掐死的魔鬼订立的条约。"他常对属下说："条约只有在其符合目的时才会得到履行。"他企盼有朝一日将条约撕碎，然后挥戈东进，统率一支钢铁大军踏平苏联。东征是希特勒一生最大的梦想，就像当年的亚历山大大帝和拿破仑皇帝，当然结果不能像他们，一定会成功的。

9月3日，德国外交部长里宾特洛甫就致电苏联外交人民委员莫洛托夫，建议苏军进驻波兰东部地区。莫洛托夫回复里宾特洛甫："苏联出兵波兰的时机还没有到。"不过，他郑重警告，即使德军先到了那里，仍然要遵守条约秘密条款中的分界线。可见，斯大林对德军的势力是有所怀疑的，他认为德国需要相当长的时间才能消灭波兰军队。当德军攻到华沙城下的情报传到莫斯科后，莫洛托夫马上通知德国外交部，苏联将在几天后出兵波兰。

9月18日5时40分，苏联红军将领科瓦廖夫指挥白俄罗斯方面军、铁木辛哥指挥乌克兰方面军，共7个集团军约40个师，越过1000多公里的苏波边界进入波兰。苏联红军突然进入波兰东部地区给德军带来很多麻烦。《苏德互不侵犯条约》规定，苏德两国将顺着那累夫河－维斯瓦河－桑河一线瓜分波兰。当苏军进入波兰后，立即通知德军撤出波兰东部地区。当时，一些德军部队正在波兰东部地区忙着消灭波兰剩下的部队。如果这时撤离，波兰军队会趁机撤到匈牙利和罗马尼亚。

苏军的突然行动带来的另一个难题是，苏德双方的士兵相互开火，造成了一定程度的伤亡。这样的事件相对来说较少，德军的撤退是有秩序的行动。不过，对驻守波兰南部的德军第十四集团军来说，执行撤退命令还是遇到了一定的难度，因为该集团军正肩负着阻挡波军涌入匈牙利和罗马尼亚的任务。

9月19日，德国驻苏联大使舒伦堡在发给外交部的电报中说："莫洛托夫暗示，苏联政府和斯大林已经放弃了原先允许一个残存的波兰存在的意图，现在想以皮西亚河－那累夫河－维斯瓦河－桑河为界分割波兰。苏联政府希望立即就这一问题进行谈判。"

9月25日晚上，斯大林在克里姆林宫召见德国大使舒伦堡，两人谈了很长时间。会谈结束后，舒伦堡向外交部长里宾特洛甫报告了他与斯大林会谈的情况："斯大林认为留下独立的波兰是错误的选择。在他看来，最好自分界线以东的领土直到布格河的整个华沙归德国所有。作为交换，德国放弃立陶宛。如果德国同意的话，苏联将根据1939年8月23日达成的议定书，开始处理波罗的海地区问题，希望德国能在这方面给予支持。"

9月26日18时，里宾特洛甫来到莫斯科。他的这次莫斯科之行，目的是想让斯大林作些让步。里宾特洛甫认为，德国在这次战争中是主导力量，苏联只不过趁机捡了个大便宜。斯大林亲自参加谈判，会谈从晚上10点一直持续到次日凌晨1点。最后，斯大林提出两个方案：第1个方案是，根据原先的协定来划分波兰，立陶宛划归德国；第2个方案是，立陶宛划归苏联，苏联则让给德国更多的波兰领土，包括卢布林省和华沙，波兰领土大部分归德国。斯大林提出，残余的波兰国家会在苏德两国之间制造摩擦，如果希特勒接受他的条件，苏联会根据1939年8月23日的议定书处理波罗的海的问题。

9月28日上午，里宾特洛甫给希特勒发了一封长电报，请示是否可以选择斯大林提出的第2个方案，希特勒表示同意。当天，德国政府和苏联政府发表联合声明，宣称已经"最终解决了波兰国家解体后所引起的问题"，"从而为东欧的持久和平奠定了坚实的基础"。鉴于这种情况，声明指出，两国政府共同表示相信，结束德国和两个西欧国家（英法）之间的战争状态，这将真正有利于各国人民。

9月29日凌晨5时，根据斯大林提出的第2个方案，里宾特洛甫和莫洛托夫在协议上签了字。签字仪式结束后，里宾特洛甫问斯大林："斯大林先生，苏联是否愿意与德国结盟？"斯大林没有直接回答，而是卖了个关子："我不允许德国变弱。"

回到柏林后，里宾特洛甫马上到帝国总理府向希特勒汇报这次莫斯科之行的情况。希特勒对里宾特洛甫说："我之所以把立陶宛让给苏联，是因为我想让斯大林明白，德国是真心实意与苏联达成谅解的。"

◎ 瓜分波兰

在德苏签订瓜分波兰协议的第 2 天，即 9 月 30 日，希特勒签发了第 5 号指令。

国防军最高司令　柏林

国防军统帅部／指挥参谋部／国防处一组 1939 年 9 月 30 日

1939 年第 171 号绝密文件

仅传达到军官

第 5 号作战指令

一、1939 年 9 月 28 日与苏联签订边界与友好协定后，计划按下列方针来确定我国利益范围内的原波兰地区的政治结构：

1. 东面新的政治疆界大致包括较早前的德意志人居住地区和其他在军事、国防经济或交通方面特别重要的地区。疆界走向还没有具体确定，请将这方面的建议通过国防军统帅部呈报给我。

2. 通过构筑永备工事把当前分界线（皮西亚河－那累夫河－维斯瓦河－桑河）加固为针对东面的军事警戒线。为此，所需的部队驻地也要永久性地向前移到我国政治疆界以外的地方。

关于警戒线的具体走向，请通过国防军统帅部向我提出建议。

3. 按照与苏联签订的边界与友好协定确定的分界线，需要通过附加备忘录作具体规定，它是德国与苏联之间的利益范围分界线。

4. 分界线与我国新的政治疆界之间地区的国家政治机构，由我决定。

二、分界线内，前波兰国家的整个地区（包括苏瓦乌基突出部），暂时作为军事管制区，由陆军总司令管辖。

请陆军总司令就下列几方面尽快拿出措施，并向我提出报告。

1. 稳定新占领区。在莫斯科签订协议后，马上进行该方面的工作。

2. 沿分界线设置警戒线。

3. 占领整个新占领区。待局势稳定下来后，在军事警戒线以东保留最低限度的兵力。

空军总司令在东线应保留必要的兵力，以遂行陆军总司令的上述任务。

4. 将军事管制区划分为若干个专区，并将军事管制专区的范围扩大到新并入的地区。

三、鉴于最近政治事态的发展，已经没有必要按照第 4 号指令第四条最后一句话在东普鲁士保留原计划要保留的兵力。

四、取消对法国实施海上战争的限制。对法国的海上战争参照对英国的海上战争。

经济战应根据《捕获法》实施，不过下列情况除外：

对确定无疑的敌人商船及运兵船只，可以不予警告而直接发动攻击；

上述措施同样适于对付在英国周边水域闭灯行驶的船只；

对于停泊后使用发报装置的商船，可向其发动直接攻击；

仍然禁止攻击"客轮"或除商品外显然载有较多旅客的大型船只。

五、关于西线的空战，之前的限制仍然有效。空军部队可以飞越我国边界执行下列任务：近距离战斗侦察；袭击敌射击指挥飞机和系留气球；有限度地实施空军总司令规定的远程侦察。

陆军对远程侦察的要求，可考虑通过陆军和空军之间的直接合作来予以满足。

空军仍然可以攻击北海的英法两国的海上武装力量，并可以根据《捕获法》发动经济战。

六、以第四和第五条之规定代替第 4 号作战指令之第五条第 2、第 3 款和第七条。

（签字）阿道夫·希特勒

按照这次签订的《苏德分界与友好协定》，苏联拥有了利托夫斯克的制糖和纺织工业、德罗霍贝什和博雷拉夫的油井。这两个地方是波兰产油最多的地方。作为补偿，斯大林同意每年供应德国 30 万吨石油。

根据新的瓜分协议，希特勒下达命令，波兰的西部土地并入德国版图，其面积为 9 万多平方公里，人口约 1000 万。在其余的 18 万平方公里的波兰土地上，德国设置了总督区，由汉斯·弗兰克任总督。总督府位于克拉科夫，分为四个省：克拉科夫、华沙、卢布林、腊多姆，人口约 1200 万。

10 月 14 日，苏德双方正式签署议定书，并成立了边界勘定委员会。分界工作于 1940 年 2 月底完成，边界线长 1500 公里，三分之二顺着河流。其他没有河流为界处，统一用界桩标示。不久，苏德两国在分界线的两边修筑防御工事。随后，西乌克兰和西白俄罗斯相继在原波兰东部领土上成立苏维埃政府。苏维埃政府于 11 月 1 日到 2 日分别加入乌克兰加盟共和国和白俄罗斯加盟共和国。苏联对外声称，这些都是当地居民"自由选举"完成的。

当希特勒看到新绘制的波兰分割图后，立即察觉到了新的东方边界上的战略弱点。新的分界线使德国和罗马尼亚之间没有共同的边界，也就是说，德国和罗马尼亚油田和黑海之间的唯一铁路联系要经过苏联控制的领土。据当时的一位德国外交官说："从战略上来说，如果苏联红军现在开进波罗的海沿岸各国，我们将会失去波罗的海。苏联将比以往任何时候都要强大，而且他们可能随时与西方国家一起反对我们。"

1939 年 10 月，苏联和拉脱维亚签订互助条约。其实，苏联领导人斯大林早就与德国外交部长里宾特洛甫在《苏德互不侵犯条约》中达成一致：波罗的海沿岸国家拉脱维亚、立陶宛和爱沙尼亚属于苏联的势力范围。

11 月 30 日，苏联红军开始进攻芬兰。在斯大林看来，芬兰是一个与众不同的国家，严密设防的芬兰边界距离列宁格勒不远，对于这个苏联第二大城市构成了极大的威胁。为此，他建议与芬兰签订一项互助条约，并要求芬兰放弃卡累里阿地峡地区，将其划归苏联。芬兰拒绝了斯大林的建议。

在冰天雪地的寒冬季节，芬兰仅仅用 15 个师的兵力便重创了苏军 45 个师。战斗是在陆地以及三次两栖军事行动中进行的。在卡累里阿地区，数量上处于劣势的芬兰滑雪部队成功进行了反击，全歼苏军第一六三师和第四十四师。德国军事顾问观摩了苏军的无能表现后断定：在德军装甲部队和闪击战面前，苏联红军将不堪一击。

苏联红军的拙劣表现部分原因应当归咎于斯大林 1938 年的大清洗运动。在一种近乎疯狂的猜疑心的驱使下，斯大林下令在莫斯科对 1 万多名被指控谋反的高级官员进行公开审判，几乎所有"招供"的人员都被定罪，然后被处死或被押送至西伯利亚的劳改营。

1940 年初，梅列斯托科夫将军指挥苏联西北方面军（由第七和第十三集团军组成）最终突破了芬兰军队的"曼纳海姆"防线，芬兰几乎被苏军完全占领。

3 月 12 日，72 岁的芬兰首相巴伦·卡尔·曼纳海姆元帅被迫宣布投降。苏芬战争中，苏军损失了 20 万人、近 700 架战斗机和 1600 辆坦克，芬兰军队则损失了 2.5 万人。

1940 年 6 月，当全世界都在关注德国对西部国家的侵略时，苏联轻而易举地便把波罗的海三国拉脱维亚、立陶宛、爱沙尼亚划入自己的势力范围。

1940 年 2 月 10 日至德国入侵苏联的 1941 年 6 月 22 日，苏联严格遵守着击败波兰后签署的《苏德分界与友好协定》条款，向德国提供了 150 万吨谷物（黑麦、燕麦和小麦）、100 万吨矿物油、2700 千克白金以及大量具有战略意义的矿石。德国在 1940 年于西线的作战行动中，这些燃料和谷物发挥了重要作用。然而，德国人却迟迟不肯予以回报，他们虽然已向苏联提供了价值 4.67 亿德国马克的商品，但直到入侵苏联时，德国仍然欠苏联 2.39

亿德国马克。

长期以来，斯大林对英法等西方国家一直持怀疑态度。他认为，德国对英法资本主义力量的破坏足以补偿苏联对德国提供的支援。让人想不到的是，直到德国入侵苏联的那一刻，苏德双方还在通过布列斯特－利托夫斯克的布格河大桥。德军一个高射炮手海因里希·埃克梅尔曾亲眼目睹了一列德国货车于入侵前的一天 18 时通过大桥，他说："晚上 6 点钟的时候，一列满载小麦或煤炭的货车驶过布格河进入苏联。我们无法理解，在这个时刻上，这些列车乘员无疑等于前去送死。实际上，我们也不知道这样做究竟是对还是错。是要发生战争吗？还是不会？"

更让人想不到的是，凌晨 2 时，第四十五步兵师随军牧师鲁道夫·格施乔普夫还听到了一列苏联货车驶过布格河大桥，进入德国占领下的西部波兰。凌晨 4 时，德国外交部长里宾特洛甫召见了苏联大使弗拉季米尔·杰卡诺佐夫，通知他德国军队已经进入苏联领土，以回应对方一系列的"边境侵犯行为"。

里宾特洛甫说，苏联的那些"边境侵犯"活动"系统地破坏了德苏合作"。根据希特勒的命令而准备的备忘录的结尾并没有对苏宣战，而是含糊其辞地写道："不幸的是，由于苏联方面采取的这些不友好和极具挑衅性的行动，德国政府被迫采取所有可能的军事手段应对这种威胁。"不到 2 小时，冰火两重天，两个小时前还握着橄榄枝的手，两个小时后便各自端起了刺刀，苏德这两个贸易伙伴变成了不共戴天的仇敌。

第二章

寻求"生存空间"

德军第十四装甲军抵达斯科普里，同时第十二集团军向色雷斯发起进攻，派遣第四十装甲军向西进发，直插南斯拉夫南部瓦尔达尔地区，直接威胁着马其顿和莫纳斯提尔关隘。同日，德军开始进攻希腊，攻势异常迅猛和残酷。

◎ 为进攻苏联扫清障碍

　　面对强大的苏联，希特勒非常谨慎，很早便开始布局。在对其发动进攻前，被希特勒武装成战争机器的纳粹德国为积蓄更强大的战争能量，寻找足够的战争资源，寻求更广阔的"生存空间"，它不但跟对手共同"分食"了波兰，更是横扫欧洲，吃尽了窝边草。纳粹德国想以此迅速壮大成强悍的欧洲巨人，以便尽快捕食更大的猎物——东方的巨人苏联。

　　1940 年 4 月 9 日凌晨 4 时 15 分，希特勒下达了代号为"威悉河演习"的军事行动，德国装甲部队越过丹麦边境，开始入侵丹麦和挪威。德军首先出动空降部队占领了位于日德兰半岛北部的奥尔堡机场和连接岛屿的重要桥梁，当天就占领了丹麦。在尼古劳斯·冯·法肯霍斯特将军的指挥下，德军兵分 5 路进攻挪威：第 1 路在挪威中部港口城市纳尔维克登陆，第 2 路在特隆赫姆登陆，第 3 路在挪威西南部港口城市卑尔根登陆，第 4 路在挪威南部港口城市克里斯蒂安桑登陆，第 5 路则直奔挪威首都奥斯陆。

德国部队保护在哥本哈根城内行进的丹麦自由队

  同时，德军地面部队得到了空降部队的支援。挪威南部很快沦陷，但是在纳尔维克由英法远征军和挪威组成的盟军与德军发生了激战。在英法远征军的帮助下，挪威一直艰难支撑到 6 月 10 日，最后不得不宣告投降。

  5 月 10 日，德军开始实施横扫西欧的"曼施坦因计划"，对法国、荷兰、比利时和卢森堡同时发起蓄谋已久的进攻。德军在进攻中使用了一种全新的战术——空降部队与传统步兵进行协同作战。德军先是对荷兰和比利时的机场进行了空袭，然后出动空降部队攻占了穆尔代克和鹿特丹的重要桥梁，并占领了荷兰政府所在地海牙。掌握了桥梁控制权的德军很快摧毁了被称为"荷兰要塞"的河流防御体系。紧接着，德国空军对鹿特丹发起空袭。在德军一次次的狂轰滥炸后，荷兰于 5 月 14 日宣布投降。德军第一空降团搭乘 10 架滑翔机攻占了比利时的埃本·埃马尔要塞，这种出其不意攻其不备的创新战术，使这个坚固的堡垒顷刻间土崩瓦解。

盟军按照预先制定的行动方案，英法军队向北进入比利时，企图遏制德国对荷兰和比利时的进攻。他们的行动太慢了，此时的德军装甲部队和摩托化步兵在空军的掩护下已经越过比利时和卢森堡，于 5 月 12 日傍晚抵达色当附近的默兹河东岸。第十九装甲军军长海因茨·古德里安感到有必要继续对法国施加压力，尽管自己的装甲部队还在向默兹河前进的途中，但在冯·里希特霍芬将军的第八航空队的"斯图卡"俯冲轰炸机的掩护下，仍然在第 2 天派突击部队强渡马斯河，占领了对岸的战略高地。德军工兵冒着敌军的炮火奋力工作，于傍晚时分架起了数座桥梁，为第一、第五和第十装甲师的推进创造了条件。

5 月 14 日，乔治·汉斯·莱因哈特指挥的第四十一装甲军在北部的蒙泰梅建立起了一个桥头堡，麾下第六和第八装甲师开始向海滨推进。同日，赫尔曼·霍特指挥第十五装甲军在默兹河对岸建立了一处据点。埃尔温·隆美尔的第七装甲师侦察部队发现一座没有设防的堤坝，于是驾驶着摩托车小心翼翼地穿过了这条狭窄的通道。与此同时，德军第五装甲师加入了向西突进的行列。在北部，埃里希·霍普纳将军率领第十六装甲军调整进攻方向，向左突进，穿过比利时进入法国。

5 月 15 日，戴高乐上校指挥法国第四装甲师在蒙科尔内发起反击，致使德军向前突进的脚步暂时受阻。左翼的德军借助埃纳河和索姆河的掩护向西快速突进，到 16 日，德军已经向法国境内纵深推进了 40 公里。

5 月 20 日，德军第二装甲师的坦克和摩托车队抵达努瓦耶尔海岸。此时，德军已经形成半月形包围圈，将英法盟军围困在法国东北部靠近比利时边境的港口城市敦刻尔克。英国远征军、比利时军队和法国第一集团军被德军围困在海峡沿岸的一个小镇内。在西起西部海岸的格拉沃利讷，东至奥斯坦德，穿越比利时的国境线，向内陆推进至法国的瓦朗谢讷，英法盟军受到 A 集团军群的坦克和 B 集团军群的步兵的挤压。比利时于 5 月 28 日投降后，这个包围圈迅速缩小到 50 平方公里。

5 月 26 日 19 时，代号为"发电机行动"的撤退行动开始了。英国政府在这次撤退行动中动用了 1000 多艘船只，其中包括私人游艇、拖捞船。大约 33.8 万名英国和法国军人被撤运到英国境内，但他们也为此付出了高昂的代价：英国 6 艘驱逐舰和法国 3 艘驱逐舰被击沉，19 艘驱逐舰遭到重创，56 艘其他舰船和 161 艘小船沉入海底。在敦刻尔克空战中，英国皇家空军损失了 100 多架战斗机，同时也击落了数量相当的德国空军飞机。

6 月 5 日，德军开始实施第 2 阶段的战役计划——红色方案。这一阶段虽然遭到法国人英勇抵抗，但此时的法军已疲惫不堪，极度虚弱。当德军第十四和第十六装甲军的进攻受阻时，德军最高统帅部及时对其进行了调整。随后，2 个装甲军向南部纵深推进。在海峡群岛沿岸，第五和第七装甲师从鲁昂附近渡过塞纳河，于 6 月 19 日抵达瑟堡和布列斯特。法国政府撤离首都巴黎，随即巴黎宣布不设防。6 月 14 日，德军进入巴黎。6 月 17 日，古德里安的装甲集群抵达瑞士边境城市蓬塔利耶，将法国第二集团军群围困在马奇诺防线。

6 月 22 日，在巴黎东北部 80 公里处的贡比涅森林里的一列火车上，法国政府接受了德国开出的投降条件。这是根据希特勒的命令所选择的一种具有象征意义的报复手段，因为在 1918 年 11 月，法国元帅福熙就是于同一辆列车上接受了德国投降的。希特勒仅仅用了 52 天便将号称欧洲第一强国的法国完全占领。

◎ 下一个目标，希腊

在德法战争即将结束的时候，墨索里尼统治下的意大利于 6 月 10 日对英法宣战。尽管意大利对法国南部的进攻并没有取得预期的效果，但是在法国投降后还是成功地掠夺了部分法国领土。

9 月 13 日，意大利军队从其北非殖民地利比亚向英国控制下的埃及发动进攻。起初，战斗进展非常缓慢。但是，在一次大胆而又猛烈的反击中，数量上占有绝对优势的英国和英联邦国家军队在阿奇巴尔德·韦维尔将军的指挥下，将意大利人从埃及赶回利比亚。

10 月 28 日，墨索里尼致电希特勒，"元首阁下，我们已经开始进军"，并通知希特勒，部署在阿尔巴尼亚的意大利军队已经开始进攻希腊。次日，墨索里尼和希特勒在布伦纳山口会晤。尽管希特勒对意大利的贸然行事非常恼火，但他还是主动提出为墨索里尼的军队提供支援，却意外地遭到了墨索里尼的婉言谢绝。原来，墨索里尼把巴尔干半岛视为自己的势力范围。5 时

30 分，在黎明前的黑暗中，意大利第十一和第九集团军的 6 个师兵分 4 路向希腊山区大举推进。与此同时，阿尔巴尼亚军队以及一些志愿者也参加了这次行动，他们打着"解放居住在希腊的阿尔巴尼亚人"的旗帜，浩浩荡荡地向希腊进军。他们面对的是希腊第一集团军的 4 个师。虽然从表面上看，希腊军队在数量上处于劣势，但他们每个师的兵力都达到了 1.8 万人。相比之下，意大利的每个师只有 1.4 万人。此外，希腊军队还装备了更加有效的轻、中型火炮以及更多的机枪。意大利人的进攻严重受阻。

11 月 4 日，希腊第二集团军向意大利的第十一集团军发起反击。希腊马其顿集团军大败意大利精锐的山地师。希腊军队夺回边界地区，迫使意大利人撤出希腊，穿过边界进入阿尔巴尼亚。截至 11 月中旬，希腊总共部署了 11 个步兵师、2 个步兵旅和 1 个骑兵师，抗击意大利的 15 个步兵师和 1 个坦克师。

12 月 4 日，意大利陆军副参谋长尤巴尔多·索杜将军建议和希腊停战，其他将领也不赞同将非洲的战争继续打下去，彼得罗·巴多格里奥元帅以辞去总参谋长的职务来要挟墨索里尼。

12 月 13 日，希特勒签发了第 20 号作战指令，下令德军发动完全占领希腊的"马里塔"行动，要求德意军队首先占领爱琴海沿岸和萨洛尼卡湾，最后占领希腊本岛以及海上附属岛屿。

国防军最高司令　元首大本营

国防军统帅部／国防军指挥参谋部／国防处 1940 年 12 月 13 日

1940 年第 33406 号绝密文件

仅传达到军官

第 20 号指令

一、阿尔巴尼亚战事的如何，仍然很难预料。鉴于阿尔巴尼亚目前的局势，挫败英国在巴尔干战线的掩护下建立空军基地的行动显然已经刻不容缓，如果这种基地建成，首先会对意大利其次对罗马尼亚油田形成威胁。

二、为此，我的意图：

1. 几个月内，在罗马尼亚南部地区组建一个集团，并逐步加强该集团的兵力。

2. 天气一旦好转（预计会在 3 月份），即以上述兵力集团越过保加利亚占领爱琴海北岸，在必要时立即占领整个希腊大陆（"马里塔"行动）。届时，有可能得到保加利亚的支援。

三、关于在罗马尼亚集结兵力的问题。

1. 将 12 月份到达的第十六装甲师编入陆军代表团，陆军代表团的任务不变。

2. 将 1 个大约有 7 个师（第 1 行军梯队）的兵力集团调往罗马尼亚南部。若有必要，可将为强渡多瑙河做准备工作的工程兵编入第十六装甲师的运输序列（作为教导部队）。关于工程兵在多瑙河畔的使用问题，我会及时给陆军总司令下达命令。

3. 准备继续前调部队，直至达到"马里塔"行动规定的兵力（共 24 个师）。

4. 空军部队应为上述集结行动提供空中掩护，并在罗马尼亚境内建立必需的指挥和补给设施。

四、以下列情况为基础做好"马里塔"行动的准备工作。

1. 第一个作战目标是夺取爱琴海海岸和萨洛尼卡湾。可能需要经过拉里萨地区和科林斯地峡（两地均在希腊境内），继续发动进攻。

2. 与土耳其毗连的侧翼，由保加利亚军队负责保卫，但我军应作好战斗准备，以便予以加强和掩护。

3. 不清楚保加利亚军队是否仍参加进攻作战。

南斯拉夫的态度，同样无法判明。

4. 空军部队的任务：支援所有地段上的陆军向前推进，并摧毁敌空军部队，若有可能，可实施空降，夺取希腊岛屿上的英军基地。

5. 关于意大利军队以何种方式支援"马里塔"行动及作战行动协调一致的问题，晚些时候再作决定。

五、上述军事准备工作对巴尔干地区会产生非常大的政治影响，所以需要对各总司令部采取的所有与此有关的措施进行周密地协调。

国防军统帅部应分步骤地说明军队穿过匈牙利和进入罗马尼亚的原因，暂时应以加强国防军驻罗马尼亚代表团作为理由。

同罗马尼亚或保加利亚举行会谈（一定要让这种会谈按照我们的意图结束）及向意大利人通报情况，在特殊情况下须经我的批准；勘察组织和先遣队的派遣，亦应如此。

六、"马里塔"行动实施后，将抽调参与此次行动的部队主力从事新的任务。

七、我期待着诸位总司令先生向我报告你们的计划，陆军已这样做了。另外，应就准备工作向我提交详细的时间表，还应从装备工业部门召回必要的人员（重新组建休假师）。

（签字）阿道夫·希特勒

希特勒占领希腊的目的是为了保证德军将来战略物资尤其是燃料的充分供应。德国 1939 年从罗马尼亚进口的石油总量为 86.16 万吨，到了 1940 年，提高到了 119.6 万吨。此外，德国还从苏联进口了 62.69 万吨石油，为当年春季在西欧作战的飞机和坦克进行补给。1941 年，随着对苏联的入侵，德国的石油进口总量创下了 301.1 万吨的战时纪录。这样，保护罗马尼亚的普洛耶什蒂油田免遭空中打击的最直接、最有效的途径就是控制希腊。为此，希特勒签发了德军在地中海行动的第 22 号指令。

元首兼国防军最高司令　元首大本营

国防军统帅部／国防军指挥参谋部／国防处 1941 年 1 月 11 日

1941 年第 44018 号绝密文件

仅传达到军官

第 22 号指令

英国在地中海地区投入了大量的兵力以对付我们的盟军。由于战略、政治和心理方面的原因，地中海地区当前严峻的局势需要我国提供援助。

一定要坚守的黎波里塔尼亚，同时一定要避免阿尔巴尼亚战线陷入崩溃的危险。另外，驻阿尔巴尼亚的意大利军队司令官（辖 21 个师）自 1940 年 12 月 6 日起任意军总参谋长。集团军群在第十二集团军晚些时候开始的作战行动的配合下，有能力从阿尔巴尼亚转入进攻。

为此，我命令：

一、陆军总司令负责组建一支障碍设置队。该障碍设置队应能够为我们的盟军防守的黎波里塔尼亚，特别是应为对付英国装甲师做出重要贡献。至于这种障碍设置队编成的原则，将另行规定。

应做好这种准备，即目前正在进行的向特里波利斯输送意大利1个装甲师和1个摩托化师的工作结束后，可以接着输送障碍设置队。

二、第十航空军仍然以西西里为作战基地。该军的最重要任务是，攻击英国的海军部队，破坏英国在地中海西部和东部之间的交通线。

另外，利用的黎波里塔尼亚的中途机场创造条件，目的是炸毁埃及西部和昔兰尼加海岸的英国卸货港和补给基地，直接支援格拉齐亚尼驻北非的意军集团军群。

敦促意大利政府宣布从西西里到非洲北部海岸为封锁区，以减轻第十航空军的压力以及避免发生击毁中立国家船只的意外事件。

三、考虑组建并准备好1个军（包括第一山地师和装甲兵力）的德军部队，以便调往阿尔巴尼亚。一旦意大利向国防军统帅部表示同意这么做，即可着手运输第一山地师。其间，应进行调查，并与驻阿尔巴尼亚的意大利军队司令部一起弄明白以下几个问题：

可否为了实施一次旨在达到有利的作战目标的进攻而进一步向阿尔巴尼亚派遣兵力？

将何种兵力派往阿尔巴尼亚？

除了为意大利师提供补给外，可否为新派遣的兵力提供补给？

德军的任务：

1. 暂时作为驻阿尔巴尼亚的支援部队，用以处理紧急情况，因为那里有可能出现新的危机。

2. 为了方便意大利集团军群将来转入进攻，需达成如下目的：

突破希腊防线的关键地段，便于远距离作战；

从后面打通萨洛尼卡以西的狭窄处，以支援利斯特（笔者注：利斯特，全名西格蒙特·威廉·利斯特，纳粹德国陆军元帅，时任第十二集团军司令）集团军的正面进攻。

四、驻北非和阿尔巴尼亚德军部队的隶属关系以及有关使用这些部队的限制条件，将由国防军统帅部与意大利参谋部共同确定。

五、拟用地中海可以动用的和合适的德国运输舰船运输在阿尔巴尼亚的部队，也可利用位于福贾（笔者注：意大利东南部城市）的运输机群运输部队。

开始向利比亚运输障碍设置队（参见第一条）和需要为此而动用大量德国舰船之前，应停止向阿尔巴尼亚输送大量德军兵力。

（签字）阿道夫·希特勒

◎ 两个指令，一个目标

1941 年 2 月 12 日，德军第十五装甲师和第五轻型装甲师组成非洲军团，渡过地中海，在北非利比亚的的黎波里登陆，支援在非洲战场陷入困境的意大利军队。隆美尔担任"非洲军团"司令，他是一位精力充沛、勇于进取的指挥官，即使在部队还没有完全形成战斗力的情况下，也敢向对手发起攻击。

2 月 23 日，希腊政府接受了英联邦国家的军事支援，威尔逊中将指挥的著名的 W 部队来到希腊，该部队由新西兰师的 50672 名士兵和布莱米中将率领的澳大利亚第一军的第六和第七师组成。此外，驻扎在埃及的韦维尔将军的中东司令部也计划提供装甲和炮兵支援。

3 月 1 日，希腊军队已经进入攻击阿尔巴尼亚首都地拉那的范围。3 天后，英联邦的 W 部队开始在雅典港口比雷埃夫斯登陆。希特勒接到报告称，W 部队正在希腊登陆，而此时，入侵苏联的计划已经成型。希特勒意识到右翼将受到威胁。

3 月 24 日，隆美尔指挥的德军"非洲军团"向位于北非埃尔盖拉的英军阵地发起攻击。疲惫不堪的英军节节败退，"非洲军团"继续向北非沙漠纵深突进。4 月 4 日和 7 日，班加西和代尔纳相继沦陷。截至 4 月 25 日，隆美尔已经推进到埃及边界。然而，意大利和德国部队却没有足够的力量夺取图卡鲁格港。尽管图卡鲁格从 4 月 10 日开始就被包围，但守军仍然坚持抵抗了 6 个月。

3 月 25 日，德国和意大利强迫南斯拉夫政府在《三国条约》上签字。两天后，在英国外交部的鼓动下，南斯拉夫空军中的塞尔维亚军官发动了一次武装政变，拥戴当时只有 17 岁的彼得王子成为君主，成立由杜尚·西莫维奇将军领导的国家联合政府，同时废除了德国、意大利和南斯拉夫《三国条约》。这一消息传到柏林后，希特勒大发雷霆。他认为，《三国条约》非常公平，南斯拉夫允许德国部队自由通过本国领土攻打希腊，作为交换，南斯拉夫将得到希腊的萨洛尼卡。两天后，希特勒向德军签发了惩罚南斯拉夫的第 25 号作战指令。

元首兼国防军最高司令　元首大本营

国防军统帅部／国防军指挥参谋部／国防处（作战组）1941 年 3 月 27 日

1941 年第 44379 号绝密文件

仅传达到军官

第 25 号指令

一、南斯拉夫的军事政变改变了巴尔干的政治局势。即便南斯拉夫表示效忠，亦应将其视为敌人并尽快予以解决。

二、我的意图：一方面从阜姆，另一方面从索非亚地区，向贝尔格莱德方向发动向心突击。从南部突入南斯拉夫，消灭南斯拉夫的武装力量。另外，切断南斯拉夫南部地区与其他地区的联系，将其作为德意军队下一步进攻希腊的基地。

由于国防经济方面的原因，尽快使多瑙河通航并夺取波尔铜矿，这一点至关重要。

归还巴纳特地区和马其顿地区，争取匈牙利和保加利亚参战。

通过给克罗特人以政治担保，加剧南斯拉夫国内的紧张局势。

三、具体命令如下：

1. 一旦兵力充足，天气状况允许，即以空军发动夜以继日的袭击，摧毁南斯拉夫航空兵的地面设施和贝尔格莱德。

2. 争取同时（绝不要提前）开始"马里塔"作战行动。此次作战暂时要达到的目标是，夺取萨洛尼卡湾，并在埃泽萨高地上获得立足点。鉴于此，第十八步兵军可穿越南斯拉夫领土向前出击。

务必抓住有利时机，阻止敌人在奥林匹斯和埃泽萨高地之间建立防线。

3. 前调保加利亚和罗马尼亚尚可动用的兵力，从索非亚地区向西北方向和从基恩斯滕迪尔－戈尔纳德尤马亚地区向西发动进攻，不过一定要保留大约 1 个师的兵力（不包括防空兵力）守卫罗马尼亚油田。

保加利亚人暂时负责守卫与土耳其接壤的边界，在其后面部署一支德国部队，最好是 1 个装甲师的兵力，作为预备队使用。

4. 一旦所需兵力集结完毕，就从格拉茨方向向东南实施突击。是否开放边界，穿越匈牙利领土，由陆军方面决定。

与南斯拉夫接壤的边界沿线，应立刻加强警戒。

总攻开始前，应在空袭贝尔格莱德的同时夺取各重要目标，在保加利亚边界上也应如此。

5. 空军以 2 个攻击大队支援第十二集团军和在格拉茨地区新组建的突击集群的作战行动，应根据陆军作战的进程确定主要攻击方向。可借助于匈牙利的地面设施实施集结和作战。

考虑可否让第十航空军从意大利出发投入作战，但是必须保障继续为去非洲的运输队提供护航。

夺取利姆诺斯岛的准备工作继续进行，只有我有权下达进攻命令。

考虑为格拉茨、克拉根福、菲拉赫和累欧本以及维也纳提供足够的防空支援。

四、首先由国防军统帅部与意大利达成原则性协议。

陆军应组建与意大利第二集团军和匈牙利人进行联系的联络参谋部。

授权空军就意大利和匈牙利航空兵部队作战区域的界限问题同有关国家的统帅部达成协议。匈牙利的航空兵地面设施储存物资的工作可立即着手进行。

五 请各位总司令先生就行动实施方案和与此有关的问题通过国防军统帅部向我报告。

（签字）阿道夫·希特勒

4 月 3 日，希特勒继第 25 号作战指令后，又发了第 26 号作战指令。第 26 号作战指令对与意大利军队协同进攻南斯拉夫及其他相关事宜作出明确指示。

元首兼国防军最高司令 元首大本营

国防军统帅部／国防军指挥参谋部／国防处 1941 年 4 月 3 日

1941 年第 44395 号绝密文件

仅传达到军官

第 26 号指令

一、在南斯拉夫战线，东南欧国家担负的军事任务是根据以下政治目的确定的。

匈牙利：拥有巴纳特山区。它优先考虑的是占领这一山区，但是它表示也要对歼灭敌人发挥一定的作用。

保加利亚：收复马其顿地区，因此主要对参加这一方向的进攻感兴趣，而无需德方施加特别压力。

另外，得到我装甲部队支援的保加利亚人务必防范背后的土耳其。为此，保加利亚将调用部署在靠近希腊边界的 3 个师。

罗马尼亚：根据它和德国的利益，其任务仅限于防范同南斯拉夫和苏联接壤的边界。应通过德国国防军代表团团长施加影响，促使罗马尼亚加强对苏联的防御准备，并尽可能使蒂米什瓦拉地区的罗马尼亚兵力（1 个步兵师加 1 个骑兵旅）进一步东移，以便使匈牙利第二集团军和德国第四十一步兵军之间的联系不受干扰。至少，应保证匈牙利和德国的联络司令部畅通无阻地通过罗马尼亚－匈牙利边界进行相互联系。

二、在即将到来的作战中，军事上的协同和指挥的组织应遵循下列方针：

假如此战在作战范围内涉及意大利和匈牙利军队的作战目标，则该战局应由我统一指挥。统一指挥务必这样进行：必须顾及盟国的敏感性，使意大利和匈牙利国家元首在本国人民和军队面前以独立自主的军事指挥官的身份出现。与匈牙利摄政霍尔蒂互通私人信件，以这种方式把为了作战行动的统一而提出的军事要求（由陆军总司令和空军总司令转达给我），作为建议和希望转达给他们。

第十二集团军总司令可采用同样的方式与保加利亚国家和军队领导人进行交涉。

如果保加利亚各师参加对南斯拉夫的作战，那么它们必须隶属于当地的德军指挥机构。

三、应在匈牙利设立办事机构"德国驻匈牙利军队统帅部将军"，其参谋部也应编有一个空军联络参谋部。

该办事机构不仅负责保持我同匈牙利摄政的联络，也负责保持国防军各军种与匈牙利统帅部的联络。

与意大利和匈牙利军队协同作战的细节问题，由相邻集团军或航空部队之间的联络机构和国防军各军种负责。

四、罗马尼亚和保加利亚的防空兵力只要未配属给各自的陆军部队，则应编入我军在这两个国家的防空体系。匈牙利独自保卫其领土，不过有个条件，即在这里作战的我军部队的安全和对德军来说非常重要的目标的安全，则应由我国军队负责。

五、除了关于统一指挥的新规定外，之前同匈牙利达成的协定继续有效。只有当我第二集团军和第四十六步兵军的快速集群的进攻产生效果时，意大利第二集团军才能获得行动自由。为了达到这一目的，暂时先在东南偏南方向发动进攻，是必要的。国防军统帅部设法让意大利空军仅限于掩护阿尔巴尼亚战线的侧翼及后方，攻击莫斯塔尔机场和沿海的机场，支援意大利第二集团军的进攻。

六、关于战役结束后各国的任务，我晚些时候会作出规定。在与盟军协同作战的过程中，应通过各种方式强调为达成共同的政治目标而建立的战斗友谊。

（签字）阿道夫·希特勒

◎ 吞下南斯拉夫

4 月 6 日凌晨 5 时 10 分，德军第四航空队开始对南斯拉夫各个机场发动空袭。其中，484 架轰炸机和俯冲轰炸机在 250 架战斗机的护航下，先后出动 3 个波次对贝尔格莱德进行了持续 20 分钟的轰炸。德军疯狂的空中打击使得南斯拉夫年轻的国王和他的政府惊慌失措，逃亡海外。

之前，南斯拉夫陆军为应对德军入侵制订了 "R –41" 作战计划，该计划与 1939 年波兰采取的作战行动非常相似，主张在边境线上进行全方位防御。这几乎牵制了南斯拉夫整个陆军的 27 个师，这对于德军无疑是非常有利的。其间，南斯拉夫军队实施的唯一一次进攻是与位于阿尔巴尼亚边界的希腊部队联合进攻意大利军队。在陆地上，德军第二集团军从奥地利发起进攻，原计划进攻希腊色雷斯的德军第一装甲集群则从保加利亚向贝尔格莱德推进。经过短暂的战斗，德军第一装甲集群突破了南斯拉夫第五集团军的右翼防线。

4月7日，德军第一装甲集群攻占尼什，转而进攻贝尔格莱德，冲垮固守在摩拉瓦峡谷的南斯拉夫第六集团军的防线。

4月8日，德军第十四装甲军抵达斯科普里，同时第十二集团军向色雷斯发起进攻，派遣第四十装甲军向西进发，直插南斯拉夫南部瓦尔达尔地区，直接威胁着马其顿和莫纳斯提尔关隘。同日，德军开始进攻希腊，攻势异常迅猛和残酷。德军第十二集团军已经突破色雷斯地区的希腊防线。

4月9日，韦伊尔将军指挥德军第二装甲师攻占萨洛尼卡。不过，德军遇到了糟糕的道路、恶劣的天气以及希腊军队和英国远征军的顽强抵抗，阻滞了德军向前推进的步伐。从南斯拉夫方向进攻的德军从侧翼包围了希腊第二集团军，从正面进攻的德国第十八山地军遭到了异常顽强的抵抗，即使德军动用炮火和俯冲轰炸机猛攻了3天，希腊人的抵抗仍然十分顽强。德军第一二五步兵团伤亡惨重，无法继续战斗。在德军猛烈的炮火轰炸下，被围困的希腊第二集团军最终只能选择投降。

4月10日，德军派遣第四十装甲军与驻扎在南斯拉夫奥赫里德湖地区的意大利军队会合，迅速进入阵位，他们将从这里对希腊北部发起进攻。部署在保加利亚的德国空军轰炸机开始对比雷埃夫斯发起空袭，击中"克兰·弗雷泽号"汽船，这是一艘为英国远征军运送弹药的货船。由此引发的接连不断的爆炸几乎摧毁了整个港口。

4月11日，第四十装甲军首次与英联邦国家的W部队交火。当时，德国党卫军的一个侦察小队进入韦维，遭到坚守通往南部之路的澳大利亚军队的阻击。德国党卫军花了一天的时间才摸清敌人的阵地情况。黄昏时分，德军发起进攻，突破这道关隘。

4 月 12 日，德意军队开始向希腊进发。在德军第四航空队的支援下，意大利第一、第六和第十一军对位于卢布尔雅那地区周围的南斯拉夫第七集团军发动攻击。由于南斯拉夫军队正在向东南方向撤退，所以意大利军队几乎没有遇到什么抵抗。此外，还有一支大约 3 万人的南斯拉夫部队在代尔尼采附近集结，等待向意大利人投降。

4 月 13 日，在一场大胆的突击之后，德国纳粹党卫军第 2 步兵师所属的党卫军"帝国"师的摩托化侦察部队夺取了贝尔格莱德。

这个时候，德军进攻南斯拉夫的最后一场战斗在第一次世界大战的爆发地萨拉热窝打响了。德军第二集团军司令魏克斯意识到该地区的山岭地形非常适合开展持久战，如果南斯拉夫人在山区进行顽强抵抗，战斗可能会持续几个月。于是，他决定将第二集团军编成东、西两个追击集群，继续对南斯拉夫人施压。西部集群由近期抵达的 LII 步兵军司令部指挥，辖 X1IX 军和十一军的 4 个步兵师以及第十四装甲师。东部集群由第一装甲集群指挥，辖 6 个师，其中第八装甲师任先头部队从东部向萨拉热窝推进。德军第四航空队奉命对预计在莫斯塔尔 – 萨拉热窝地区出现的敌人部队集结地进行空中打击。

希特勒在南斯拉夫战役胜局已定的 13 日，签发了全面占领希腊的第 27 号指令。

元首兼国防军最高司令 元首大本营

国防军统帅部／国防军指挥参谋部／国防处（作战组）1941 年 4 月 13 日

1941 年第 44530 号绝密文件

仅传达到军官

第 27 号指令

一、目前南斯拉夫军队处于崩溃边缘。如此一来，随着希腊色雷斯集团军的覆灭和萨洛尼卡盆地及弗洛里纳地区的被占领，为下列行动创造了有利条件：足够的兵力前调后，向希腊发起总攻，歼灭该地的希腊－英国集团，完全占领希腊并最终将英军驱逐出巴尔干半岛。

二、为了能在巴尔干半岛继续作战，我命令：

1. 南斯拉夫

作战目的仍然是歼灭南斯拉夫的残余兵力，同时扫荡和占领该国。

为达此目的，可派我陆军部队占领旧塞尔维亚和巴纳特，以闪电之势将莫拉瓦河和多瑙河之间极富价值的铜矿区保护起来。到目前为止还没有进入南斯拉夫的其他部队的前调，尽可能限制在最低限度。

空军一定要歼灭南斯拉夫航空兵的残余部队，支援陆军的行动，快速消除仍有可能出现的抵抗。若有可能，在征得国防军统帅部同意后，可将不必用以对希腊作战的航空兵部队和高射炮兵部队调往其他地方。

空军总司令应根据我第二集团军和意大利第二集团军之间分界线的规定，与意大利空军达成必要的协定。

意大利第二集团军的任务是，消灭卡尔洛瓦茨－博斯诺韦－巴努亚卢卡－塞拉耶沃公路西南地区的敌军并占领这一地区。为支援意大利军队的行动，我快速部队有时可能需要越过上面提到的分界线发动突击。

匈牙利第三集团军对蒂萨河以西至多瑙河和德拉瓦河的南斯拉夫领土实施清剿并占领。已请2个匈牙利摩托化旅参加我第二集团军下一步的作战行动，并已征得对方同意。

2. 希腊

如果能在萨洛尼卡附近的弗洛里纳盆地集结足够兵力，那么就可以向希腊北部的希腊－英国集团发起总攻。此次作战的目的是，提前向拉里萨方向实施突击，以围歼该地的敌军，并阻止敌军建立新的防线。

同时，以部分兵力在西南方向发动突击，支援意大利军队突破希腊军队在阿尔巴尼亚的防线。

随后，快速部队以雅典为主要突击方向，快速向前推进，占领包括伯罗奔尼撒半岛在内的余下的希腊大陆。与此同时，意大利驻阿尔巴尼亚集团军群在普雷斯帕湖－品都斯山脉的山脊一线以西向佩特雷湾方向推进。若时间和道路状况允许，务必尽最大努力争取切断品都斯山脉以西的希腊主力部队的退路。

空军除了继续与希腊和英国航空兵部队作战之外，还应以强大兵力支援陆军新的作战行动，掩护我军不断向前推进。另外，空军还应为将来占领基克拉迪群岛提供空中支援。

与意大利空军的作战分界线，由空军总司令规定。

集中陆军和空军所有兵力阻止英军可能的撤退，尤其是尽全力阻止英军经地中海逃窜。为此，应采取的行动是，持续不断空袭希腊港口尤其是舰船集结区；在航道上布设大量水雷。

三、空降利姆诺斯岛，占领萨索斯岛、萨莫色雷斯岛的命令，由我最终签署。该命令最迟在行动开始前 48 小时下达。

鉴于此，陆军应在色雷斯地区保留 1 个师。保加利亚军队负责对色雷斯地区实施占领，具体时间我会另行通知。

四、作战行动结束后，将抽调参加此次行动的陆军部队主力担负新的任务。可在希腊保留 1 至 2 个师，在萨洛尼卡保留 1 个师，在塞尔维亚保留 2 到 3 个师。

对于空军（第十航空军）来说，作战结束后，增援非洲军团就成了当务之急。为了阻止敌人从东部非洲调派援兵或至少为了给敌人增加困难，需在苏伊士运河重新布雷，这样做对目前来说意义非常重大。

务必做好占领地区的对空防御准备工作。

海岸防御的分工如下：保加利亚军队负责包括萨洛尼卡在内的爱琴海北部海岸的安全；我军负责包括萨罗斯湾在内的爱琴海东部海岸的安全；意大利军队负责希腊其他海岸地带的安全。

巴尔干半岛作战行动完全结束后，才能确定最终的分界线。

五、期待着各位总司令及时向我报告你们的具体计划。

国防军各军种如果对盟国有什么要求，应遵照 1941 年 4 月 3 日的第 26 号指令规定的方针行事。

（签字）阿道夫·希特勒

4 月 13 日傍晚，在德军第十四装甲师兵临萨拉热窝城下之际，德国空军忽然接到报告称，塞尔维亚人和克罗地亚人正在莫斯塔尔进行激战。德军飞机立刻掉头前去支援盟友克罗地亚，对塞尔维亚阵地发起空袭。次日，战斗扩大至整个达尔马提亚地区。

4 月 14 日凌晨，德军第九装甲师先头部队抵达希腊的科扎尼，在阿利阿克蒙河上构筑了一处桥头堡。此时，第九装甲师已经抵达 W 部队防御的阿利阿克蒙河防线。在接下来的 3 天里，德军第九装甲师始终未能突破敌人坚固的阵地。在西部，德军装甲部队通过弗洛里纳向前快速推进，英国军队也向阿利阿克蒙河防线撤退。此时，曾在阿尔巴尼亚英勇作战的希腊第一集团军面临着被包围的危险。

4 月 15 日，德军第二集团军的 2 个追击集群开始包围萨拉热窝。当 2 个装甲师分别从东西两个方向同时进入萨拉热窝时，指挥部设在萨拉热窝的南斯拉夫第二集团军停止了抵抗。4 月 17 日 21 时，南斯拉夫政府签署了无条件投降书。

◎ 南欧落入魔掌

4 月 19 日，德国纳粹党卫军第一团奉命迂回希腊东南方向的亚尼纳，切断了希腊第一集团军的退路。德第十八山地军进入拉里萨，占领了当地机场和英国军队的物资供应站。在得到 10 辆卡车的食品和油料后，第十八山地军继续向前推进。次日，在品都斯山脉深处的迈措翁隘口，希腊军队与德国军队发生激战。当意识到进一步的战斗只会带来不必要的伤亡时，希腊指挥官带领部队向德军投降。根据希特勒的命令，此事向意大利人严格保密。希腊人的勇猛受到德国人的由衷钦佩，所以希腊军官被允许携带随身武器，士兵们则被解除武装，允许回家。然而，墨索里尼坚持要求希腊第一集团军应向意大利人投降，因为希腊人曾与意大利人激战两天。

4 月 21 日，德军在希腊沃洛斯港掠夺了大量的汽油、石油和润滑油。这些战利品对于德军来说非常重要，因为他们的补给线受到了破损的公路和恶劣气候的限制。此前，他们甚至还曾使用希腊渔船和驳船沿爱琴海海岸运送补给。

墨索里尼和希特勒

4 月 22 日，德国第十八军第五装甲师的坦克和战车试图冲击希腊的德摩比利阵地，遭到对方火炮和坦克的阻击。之前，英联邦的 W 部队一边战斗一边撤退，将德军牵制在该地。

4 月 23 日，德第六山地师迂回西部，从侧翼包围德摩比利阵地，并与另一支从米洛斯方向实施侧翼包围的部队会合。这一天，希腊指挥官签署了受降人包括意大利人在内的第二份投降协议。

4 月 25 日，希特勒发出代号为"水星行动"的第 28 号作战指令，要求德军进攻希腊第一大岛克里特岛，并将其占领。

元首兼国防军最高司令 元首大本营

国防军指挥参谋部／国防处（作战组）1941 年 4 月 25 日

1941 年第 44581 号绝密文件

仅传达到军官

第 28 号指令

一、准备占领克里特岛（水星行动），并将其作为东地中海对英国进行空战的基地。

这一行动的目的是，将包括伯罗奔尼撒半岛在内的整个希腊大陆掌握在轴心国手中。

二、授权空军总司令指挥这次行动。空军总司令有权调动空降军和空军派驻在地中海地区的部队。

陆军的任务是，与空军总司令协调一致，为空降军提供增援部队，其中包括通过海路运往克里特岛的目前尚在希腊的混编装甲战斗车营。

海军一定要做好建立海上交通线的准备工作。从占领该岛起，海上交通线务必保持畅通无阻。海军总司令应就保护交通线和必要时派出运输舰船的问题同意大利海军达成必要的协议。

三、利用一切手段将空降军（包括重新调归空军总司令指挥的第二十二师）运到空军总司令指定的集结地区。陆军总司令部和空军总司令部应将必需的载重汽车提供给国防军运输勤务主任支配。不能因为实施这种运输而耽误了巴巴罗萨行动的准备工作。

四、空军总司令可动用第十二集团军高炮部队，用于希腊和克里特岛的对空掩护。空军总司令和陆军总司令应就高炮部队的换班或补充达成必要的协议。

五、占领克里特岛后，空降军全部或部分做好受领新任务的准备。为此，务必要制订一份由陆军部队尽快接替它的计划。

海岸防御由海军总司令负责。必要时，海军总司令可动用陆军缴获的火炮。

六、请各位总司令及时给我报告制订的计划。请空军总司令及时向我报告预定完成准备工作的具体时间。行动命令由我下达。

（签字）阿道夫·希特勒

4月25日夜，英联邦的W部队撤离德摩比利阵地。英军根据破译的德军电文再一次判断出德军的下一步行动。在"守护神行动"中，他们不仅成功撤出了许多部队，还救出了逃亡到克里特岛的希腊国王乔治二世。德国空军报告称英军正从萨拉米斯撤离20艘大型船只和15艘小型舰船停靠在比雷埃夫斯，4艘大型和31艘小型船只停靠在哈尔基斯。W部队的撤退行动于4月28日结束。在这次行动中，英国皇家海军提供了大量的运输船只以及6艘巡洋舰和19艘驱逐舰。尽管有2艘驱逐舰和4艘运输船被击沉，但部队主力还是成功地撤到了克里特岛。

4月27日，德国海军抵达雅典并在雅典卫城的旗杆上升起了海军的战旗。然而，在一次仅具有象征意义的抵抗中，这面旗帜于5月30~31日夜晚被扯下，这是希腊被占领期间所进行的诸多积极和消极抵抗中的行动之一。

希腊战役和南斯拉夫战役是德军坦克、机械化步兵和俯冲轰炸机协同战术的成功运用，德军在上述两场战役中阵亡2559人，负伤5820人，失踪

3169 人。参加战役的 7.5 万名英军则损失了 1.2 万人以及所有的重型武器，大约 6298 名南斯拉夫军官和 337864 名塞尔维亚血统的士兵被俘。德国人释放了战俘中的斯洛文尼亚人、克罗地亚人和马其顿人。此外，全民皆兵的希腊总共损失了 22.3 万人。

德军征服希腊和南斯拉夫的战役基本结束后，希特勒便开始考虑在巴尔干半岛的军事管理问题，以图从中攫取更大的利益。为此，他发出了第 29 号作战指令。

元首兼国防军最高司令　元首大本营

国防军统帅部／国防军指挥参谋部／国防处（作战组）1941 年 5 月 17 日

1941 年第 44717 号绝密文件

仅传达到军官

第 29 号指令

一、我军把英军从巴尔干半岛赶走及扩大德国航空兵部队在东地中海的作战基地的目的已经达到。随着"水星"计划的实施，我军的作战目的应进一步扩大。除了下面提到的特殊情况外，希腊地区的保安工作将由意大利军队负责。我国的办事机构不干预国家保安和行政管理的一般性问题，特别是不应参加希腊人所希望的调解活动。后勤运输方面，应就运输道路及其占用问题同意大利军队进行协商。

二、德国国防军。

陆军

在希腊，只需留下为保卫"水星"行动的补给基地所需要的、驻地集中的兵力和在萨洛尼卡附近的 1 个师（参阅第 3 条）。同时，该师还负责保卫利姆诺斯岛和将来可能占领的其他岛屿。

"水星"行动结束前，用来作为"跳板"的地区，包括计划用来作为"跳板"的岛屿，务必控制在我军手中。尽快撤出这种调整后多余的兵力。

敦促意大利统帅部，务必就迅速接管希腊的问题同第十二集团军总司令达成必要的协议。一旦情况（"水星"行动）许可，该总司令就作为驻巴尔干地区德军部队总司令，将其驻地移至萨洛尼卡。

空军

第十航空军移至希腊后，仍然隶属于空军总司令，根据其指令单独进行空中战争。为了保卫巴尔干地区，第十航空军务必与第十二集团军合作；在北非作战时，第十航空军务必与非洲军团协同行动。第十二集团军司令部应为第十航空军制定巴尔干地区统一的区域划分规定。

为了发动东地中海空中战争，空军总司令可使用希腊和各岛屿上的航空兵地面设施。用不到的机场和设施应移交意大利军队。

占领克里特岛后，该岛的防卫工作暂由空军总司令（空降军）负责；空军总司令应就空降军的接防时间提出建议。

有关这方面的和将来占领事务的命令，由我下达。

海军

除了萨洛尼卡外，雅典港口和对保持海岸交通来说必需的两个港口之间的海岸地带，仍然要控制在我海军手中。海军总司令应就这方面的问题与意大利军队达成必要的协议。若克里特岛继续由我军占领，那么该岛的海岸防御工作将由我海军负责。

区域划分问题，像对待第十航空军那样处理。

在爱琴海北部海岸，保证我国像以往那样对保加利亚的海岸防御施加影响。

东南线海军指挥官应遵照海军总司令的指令，以配属给他的意大利海军部队进行作战和向爱琴海实施海运。

另外，东南线海军指挥官应同意大利有关当局进行合作。

三、萨洛尼卡地区采取的一切军事措施均由我国防军负责。陆军总司令应就该地区的确切分界线问题及时提出建议。

四、我军占领的希腊地区的管理工作，由陆军总司令和德意志帝国驻希腊全权代表共同负责。若有可能，可利用希腊的行政管理机构，不必专门设立德国办事机构。

五、为了完成紧迫的任务，陆军总司令可授予"塞尔维亚军事司令"全权，并向其配属必要的警卫部队，使其能够独立完成所受任务。

六、静候各位总司令报告根据本指令制定的措施和同意大利人达成的协议。

（签字）阿道夫·希特勒

5月20日，德军奉希特勒之命开始实施"水星行动"，向克里特岛发起攻击。这次行动使巴尔干战场达到了空前激烈的程度。德第七空降师1.3万名伞兵和第五山地师9000名士兵参加了战斗，500架战斗机和轰炸机、500架运输机和80架滑翔机为其提供支援。坚守克里特岛的3.5万名英军和英联邦军队由于破译了德军电码，对其作战计划了如指掌。然而，当德军夺取了马莱迈机场并不断运进增援部队时，英军和英联邦军队开始节节败退。

德军在占领克里特岛的"水星行动"中付出了惨重代价：第七空降师伤亡过半，220架飞机被击落，150架飞机受到重创，约6000名伞兵伤亡，2000人失踪。英军和英联邦军队的情况相对好一些：3600人伤亡，1.2万人被俘，其中一些人是在克里特岛南部海滩上等待英国皇家海军救援时伤亡或被俘的。

由于在克里特岛的损失非常惨重，德军从此再也没有进行过大规模的空降行动。为此，希特勒对第七空降师师长斯徒登特说："伞兵时代一去不复返了。伞兵部队的确是一种出其不意的利器，但在丧失突然性之后是没有未来的。"希特勒显然将这支精锐部队的角色限定在了地面。在地面，这支部队将在整个战争期间以杰出的表现战斗下去。

巴尔干战役是速决速战的典型，它再一次展示了纳粹德国战争机器的强大威力。然而，由于意大利在军事上的冒险主义，德军对于苏联的进攻被拖延了非常关键的5周时间。希特勒原计划在1941年5月15日开始实施进攻苏联的巴巴罗萨计划，由于受到巴尔干战场的牵制，不得不推迟到6月22日。

第三章

大战在即，苏联做了什么

　　朱可夫的话刚出口，就被斯大林打断了：
"我认为现在下达这样的命令为时过早，也许问
题可以和平解决。命令要简短，指出袭击可能从
德军的挑衅行动开始。边境部队应不受任何挑衅
影响，以免将问题复杂化。"

◎ 毫无防范

1939 年，苏联在苏德边境线修建了大约 2500 处防御工事，但是除了 1000 处之外，其他工事只是简单地配备了一些机枪，这道防线被称为"斯大林防线"。

从北部开始，这些加强了的混凝土工事与一些天然屏障——佩普西湖、韦利卡亚河、第聂伯河、普里佩特沼泽的东部和南部边缘浑然一体，穿过北乌克兰，一直延伸到南部的德涅斯特河。尽管苏联人建造不出像德国人的"西墙"和"大西洋壁垒"那样缜密复杂的防御系统，但是他们在建造极具隐蔽性的防御工事方面的能力还是比较强的，而且他们一旦占据了有利阵地，就可以迅速进行挖掘和建造。

1940 年 4 月 15 日，在苏联边境的罗夫诺民用机场，一架小型飞机突然出现在上空。飞机绕了几个弯，逐渐降低高度，机身标有清晰的黑色十字和"卐"。机场的苏联工作人员却没有感到丝毫奇怪，因为类似的事情，他们已经司空见惯。

自《苏德互不侵犯条约》签订之后，苏联边境许多军区的防卫工作疏忽到了令人吃惊的程度，各军区领导人几乎没有危机意识，部队处于常规作训状态。一些空军部队因为军用机场生活条件差，将飞机全都停在附近的民用机场。密集的战斗机裸露在民用机场毫无遮蔽的停机坪和跑道上。更令人吃惊的是，由于有规定不得向进入领空的德国飞机开火，渐渐地，苏联空军对入侵的德国军机已经麻木了，不但毫无防范甚至经常默许德国飞机降落在停满了苏联战机的民用机场。因此，一架德国小型飞机的突然出现也就没有引起任何人的注意。

德国飞机将机头对准跑道，机场地勤人员已经没有办法阻止它了。正在附近执勤的一位空军中队长早就恨透了进入别国领空如同自己领空的行为，很多次他都想在空中将其击落，可是他知道违反军令的后果是非常严重的。飞机停稳后，空军中队长立刻迎上前去，想用俄语骂骂这帮该死的德国人，骂人总不违反命令吧。

两名德国飞行员从机舱里爬了出来，显得有点儿紧张。空军中队长带着几个人迎了上去冲他们用俄语说了一些骂人的话。两个德国人完全听不懂，只是用德语重复着"发动机""熄火"之类的词语，原来他们的飞机出现了故障，不得不在这里迫降。

"检查他们的发动机！"中队长命令一位机械师。两个德国人一见机械师走向他们的飞机，立刻变得神色慌张，其中一个跑过去拦阻，用德语说道："谢谢你们的好意，我们自己能修。"中队长从两个人的神情感到其中必有问题，他走上前去，仔细打量这架飞机，突然发现机身下面有一个照相专用窗口。原来，这不是一架普通的战斗机，是一架经过改装的军用侦察机。中队长立刻下令："逮捕他们！看押起来！仔细检查这架飞机！"

经过一番检查，苏联人发现了飞机上已经被撕毁的苏联西部地区的飞行图，还有侦察照相机及被曝光的胶卷。显然，这架飞机不是误入苏联领空，而是来执行侦察任务的，没想到意外出现了故障，德国人在匆忙中毁掉了地图和胶卷。苏联人感到问题很严重，立刻将这一情况汇报了上级。

几天后，毫无音信，最后命令终于到了，只是重申了斯大林的命令："不得射击在苏联上空飞行的德国飞机！"命令还要求："立即释放驾驶员，派专人把德国士兵和飞机护送到边境线，直接交还德国。"

类似的事情并非这一次，在此前后，发生了200多起德国战机侵犯苏联领空的事件，但是苏联方面均未作出积极反应。

6月23日，也就是法国向德国投降的第2天，苏联政府通知德国政府将解决与罗马尼亚有争端的比萨拉比亚问题，并要求扩大到整个布科维纳。德国人认为，布科维纳从来不是苏联的版图，《德苏分界与友好协定》也没提及，因此不同意将整个布科维纳纳入苏联版图。

6月26日，苏联外交部照会罗马尼亚，指责"罗马尼亚统治集团的政策严重威胁西南边界的安全"。同时宣称："罗马尼亚于1918年利用俄国战后虚弱，将苏维埃联邦（俄国）领土的一部分，即比萨拉比亚强行夺去……苏联对比萨拉比亚被强行夺去的事实，永远不能容忍，苏联政府对此已不止一次地公开地向全世界表示过。"

照会还威胁："现在苏联的战后虚弱已成过去，业已形成的国际局势要求迅速解决过去遗留下来的悬而未决的问题。"苏联政府要求将比萨拉比亚归还苏联，并把北布科维纳移交给苏联，"作为罗马尼亚对它在比萨拉比亚22年统治期间带给苏联和比萨拉比亚居民的巨大损失的赔偿"。

6月27日，罗马尼亚政府在给苏联的复照中表示，"准备在广义范围内对于苏联政府所提出的一切建议，相互同意的情况下，进行友好商讨"，但是没有明确表示归还比萨拉比亚和"移交"北布科维纳。苏联政府对罗马尼亚的模糊态度极为不满，接到复照的当天，即向罗马尼亚发出最后通牒，限定自6月28日起4天之内，罗马尼亚军队从比萨拉比亚和北布科维纳撤出，交由苏军驻守；同时还要求罗马尼亚政府对所撤地区的铁路、工厂等设施负责保护。

6月28日，在苏联政府的强大压力下，罗马尼亚政府被迫作出让步，表示愿意接受苏联的条件。

6月30日，苏军占领比萨拉比亚和北布科维纳，其面积为51万平方公里，人口400万。

◎ 为战争做准备

7月，戈利科夫将军被任命为苏联红军总参谋部情报部部长。苏联情报部掌握了大量有关法西斯德国觊觎苏维埃国家的情报。"关于希特勒法西斯德国的军事潜力、动员措施、新编部队、武装力量的总数，以及希特勒师团数量、配属及在战场上的部署，还有总指挥部的战略预备队"等情报样样俱全。从1940年夏季开始，德国军队从西欧、中欧各占领国及巴尔干地区和德国本土向东方大规模的调动，都处于苏联的监视之下。苏联谍报人员向中央通报了从波罗的海至黑海沿苏联整个西部边界希特勒各集团军及各军、师的数量、构成和部署情况。苏联情报机构还掌握了进攻苏联的德国军队实施突击的主要战略方向，以及进攻日期。

8月2日，苏联最高苏维埃通过决议，将比萨拉比亚并入摩尔达维亚加盟共和国，北布科维纳并入乌克兰加盟共和国。

8月3日至6日，苏联最高苏维埃第七次会议召开。会议通过决议吸收立陶宛、拉脱维亚、爱沙尼亚为苏联第14、第15、第16个加盟共和国。波罗的海三国正式为苏联兼并。

斯大林想通过建立"东方战线"，来应对来自西方的威胁，希望利用德国集中全力对付法英等西方国家之机，扩大自然疆界来加强自身的战略地位与扩大自身的安全系数。这一认识对某些中小国家来说也许具有重大意义，但是对苏联这样一个拥有广阔领土的国家来说价值不大。后来的事实证明，"东方战线"在加强苏联的安全方面收效甚微。

斯大林在这次会议上特别提出"要加强内外一切阵地"，并号召全国人民竭尽全力"保证本国国防威力和经济实力进一步更加迅速地发展"。为达到尽快加强经济实力储备重要战略物资的目的，苏联要求广大妇女参加工业劳动，并延长了劳动时间，这样就大大扩充了劳动力。到1940年年底，苏联的铁、煤、石油的产量大大超过德国，钢产量与德国相近。经过多年的社会主义改造和建设，代表战争潜力的工农业基础，苏联已经超过了德国。同时，苏联也在不断增加军费，1933—1937年，苏联国防开支平均只占整个国家预算支出的12.7%，1938—1940年这一数字提高到了26.4%，1941年的计划中更是提高到了43.3%。军费中很大部分用于军事装备的研制生产。1941年夏天，军用飞机年产能力已经比德国高了50%，但是由于时间太短，新型飞机的装备数量还很少，远远达不到与德国作战的需要。陆上作战中最重要的武器——坦克的研制，应该说苏联的科技研发水平不低于德国。1939—1940年研制出的新式中型坦克T-34和重型坦克KV具有良好的性能，与德军"虎"式坦克相比毫不落后。然而，投入批量生产实在是太晚了，到1941年上半年，只生产出KB坦克639辆，T-34坦克1225辆，而部队使用的主力坦克依然是苏芬战争中已被证明有严重缺陷的 T-26 与 T-28，以及落后的 BT 系列坦克。

8 月，德国与芬兰举行谈判。德国保证向芬兰提供武器与其他物资援助，以换取德军通过芬兰领土，往返于北部挪威的权利，并由芬兰提供必要的交通设施。德国的真实目的是想让芬兰政府允许德军驻扎芬兰本土，把苏军排挤出大门之外。

德国不仅积极在芬兰活动，还加紧在巴尔干地区对付苏联的渗透和挑拨离间。匈牙利与保加利亚都对罗马尼亚有领土要求，苏联站在反对罗马尼亚的一边。希特勒认为，德国的石油来源——普洛耶什蒂受到威胁，便以牙还牙把德军集结在被占领的波兰境内。根据 8 月 30 日通过的《维也纳仲裁书》，匈牙利接受调停，它原来分割罗马尼亚特兰西瓦尼亚的要求只得到部分满足；保加利亚只要罗马尼亚的多布罗加南部地区，完全得到满足。作为对罗马尼亚割让领土的报偿，德国保证罗马尼亚不会遭到来自任何国家的入侵。随后，德国的外交使节和军队以改编和训练罗马尼亚军队为借口，进入这个国家。

这样一来，德国石油来源的安全得到了保障，苏联想挑起巴尔干战争也就难以得逞了。在裁决书公开发表前，德国从未与莫斯科就这次谈判进行过磋商，也未向它通报有关情况。德国对苏联强烈抗议其违反《苏德互不侵犯条约》的协商条款置若罔闻。当 1940 年 9 月德国与意大利、日本签署三国条约时，苏联的谴责呼声达到高潮。德国仍然置若罔闻地拖延交付 1939 年 8 月和 1940 年 2 月贸易协定中规定向苏联提供的货物。于是，苏联被迫采取对策：削减向德国提供原料的数量，大有最终全部停止供给之势。在这一阶段，苏联政府对苏德关系似乎不太担忧。

◎ 德国人的表演

11 月 12 日，柏林火车站的站台上。几辆国宾车队的奔驰轿车停在站台边，车前面站着一群身着西装的高官，站在中间那位就是大名鼎鼎的纳粹德国外交部长里宾特洛甫。他亲自出场是为迎接一位来自莫斯科的特殊客人。

汽笛声过后，长长的专列驶了进来，弥漫的蒸汽挡住了里宾特洛甫的视线。列车停稳后，雾气消散，一队人从车厢里出来。紧跟在几位随员身后，一个矮矮胖胖的老头缓步向他走来，这个人就是苏联外交人民委员莫洛托夫，他全权代表苏联，代表斯大林访问德国。莫洛托夫是苏联布尔什维克的元老级党员，意志坚强，精力充沛且思维敏捷。1939 年，刚刚上任外交人民委员的莫洛托夫代表斯大林与德国签订了《苏德互不侵犯条约》，也正是那次莫斯科之行，让里宾特洛甫领教了这个苏联老头的圆滑与坚毅。

莫洛托夫走向里宾特洛甫，各怀心思的两人来一个熊抱，互相嘘寒问暖，就像久未谋面的老朋友。

"什么时候开始会谈？"

"何时安排我见你们的元首？"

寒暄过后，莫洛托夫一本正经地说，他显然有备而来。

面对莫洛托夫的单刀直入，里宾特洛甫没有给予明确的答复，只是说一切早已安排妥当，这将是一次愉快而有价值的会面。

莫洛托夫到达柏林后的两天中，听尽了各种各样的恭维话，享受了一切隆重的款待。然而，随之而来的谈判却让这位外交老手看出了一些破绽。在和里宾特洛甫进行的预备会谈上，这位德国外交部长对莫洛托夫发表了一番慷慨激昂的演讲。他说："世界上没有力量能够改变大英帝国的末日业已开始来临这一事实。英国已被击败，最后承认失败只是一个时间问题。它也许不久就要认输，因为英国的形势正日渐恶化。当然，德国也欢迎及早结束战争，因为在任何情况下，它也不愿意白白地牺牲人的生命。即使英国不在近期内打好主意，承认失败，那他们来年也一定是要求和的。德国正在日以继夜地继续轰炸英国，德国也将充分利用潜艇，打击英国的舰队。德国认为，英国会由于这些袭击而被迫放弃斗争。在英国，某种不安的心情在滋长。

"如果目前的攻击方式不能迫使英国屈服的话，那么德国一旦气候条件许可，就要坚决进行一次大规模的登陆作战，从而彻底摧毁英国。到目前为止，这种大规模的进攻之所以没有进行，完全是由于天气不良的缘故。"

里宾特洛甫为德国迟迟拿不下英国找了一通借口后，继续滔滔不绝地吹嘘道："英国企图单独或在美国的支持下，在欧洲大陆登陆或采取军事行动，是从一开始就注定要彻底失败的。这根本不是一个军事问题。这一点，英国人还不了解，因为在大不列颠显然还存在着某种程度的混乱。再则，这个国家是由一个名叫丘吉尔的人领导，此人在政治和军事上都是外行，他以前的事业，每到关键时刻都彻底失败，这一次依然如此。再说，轴心国国家已经在军事上和政治上在欧洲压倒英国。至于法国，它已经战败，法国将来绝不支持英国和唐·吉诃德式的非洲的征服者戴高乐。轴心国由于具有异常强大的实力地位，因此，它们所考虑的，不是如何打赢这场战争，而是如何迅速结束这场已经打胜的战争。"

对于里宾特洛甫这一通吹嘘，莫洛托夫看上去在认真倾听，其实并没有在意，他关心的是与希特勒的会谈，以及当他提出斯大林交代的问题时，希特勒会作何反应。

下午，希特勒终于会见了莫洛托夫。希特勒比里宾特洛甫还会卖弄，不等莫洛托夫提出正题就开始了他一贯性的开场白："英国已被击溃，投降只是时间问题，德意联军在非洲也取得了辉煌的军事胜利，因此轴心国的胜利指日可待，现在应该考虑的是胜利后的世界安排问题……"

一番自我感觉良好的炫耀后，希特勒开始了一厢情愿的煽情："亲爱的人民委员，请替我转告斯大林先生，如果贵国想在英国土崩瓦解的时候分享战利品，那么现在是宣布参加德、意、日三国公约联盟的时候了。我甚至替斯大林先生考虑过，鉴于贵国目前的处境，不一定公开参加军事同盟，但是我非常理解你们一直希望得到通往公海的不冻港出海口的愿望。我建议斯大林先生可以考虑在适当的时机，向南方往波斯湾和印度扩张，而我们，则向非洲扩张。关于贵国在达达尼尔海峡的利益，我们也可以在胜利后修改1936年的蒙特勒协定，使公约更符合你们的利益。"

希特勒慷慨激昂，滔滔不绝，莫洛托夫坐着不动声色。与其说是会谈，不如说是希特勒的独角戏，莫洛托夫扮演了一个观众的角色。他心里明白，希特勒是在白纸上画一个美丽的奶油蛋糕给他看，希特勒根本就不是在会谈，他根本就没有什么要谈的。莫洛托夫知道，他此行的目的其实不仅是谈判，更主要的是探测希特勒对苏联的态度，判断他会不会出兵苏联，以及何时出兵苏联。

第二天的会谈，希特勒完全成了一个话剧演员，把昨天的"戏"重复一遍。可是，莫洛托夫不想做他的观众了，他单刀直入："元首先生，我觉得我们应该讨论一些更加具体的问题，诸如贵国军事代表团在罗马尼亚干什么？为什么不按照我们的《苏德互不侵犯条约》先进行协商就派驻它？同样，为什么贵国军队会出现在芬兰？为什么完全没有和我们协商？"

莫洛托夫想用这些尖锐的问题刺激一下这位傲慢自负的德国元首，以使他在无意中透露出心中对苏联的真实意图。听了莫洛托夫提出的一连串的问题后，希特勒果真生气了，小胡子微微颤动。很长时间以来，周边国家的领导人，从盟友墨索里尼，到敌对国英国的张伯伦，哪个敢用这样的口气对他说话？今天这个苏联老头儿竟敢如此强硬，希特勒的手在微微颤抖。但是这种情绪只持续了不到半分钟，想到他彻底征服苏联的决心，这位高明的"演员"立刻恢复了满脸的笑容："小事一桩，先生大可不必往心里去，还是让我们把注意力集中到更大的问题上吧。"

希特勒又开始了他的激情四射的演讲，描绘胜利后苏联分享到的"蛋糕"。莫洛托夫明确表达了苏联的立场："《三国条约》中欧洲和亚洲的新秩序意味着什么，在这个新秩序中要苏联扮演什么角色？这些问题，在柏林会谈和德国外交部长预计的莫斯科之行中必须加以讨论。而且，关于苏联在巴尔干和黑海的利益，关于保加利亚、罗马尼亚和土耳其也有些问题需要澄清。如果苏联政府能够获得关于以上问题的解释，它也许更容易对元首的问题提出更明确的答复。苏联对欧洲的新秩序表示关心，特别是对这种新秩序的进度和形式表示关心，它也想了解所谓大东亚圈的范围。"

第三天，当莫洛托夫在里宾特洛甫的办公室和他会谈时，突然响起了刺耳的空袭警报。里宾特洛甫立刻失去了镇定，拼命往防空洞里钻。进入防空洞后，才渐渐恢复了平静，他开始对莫洛托夫套近乎："现在，只有我们两个人了，为什么不划分一下呢？"

莫洛托夫说："英国的意见呢？"

"英国？"里宾特洛甫说，"英国已经完了。它再也不能起大国的作用了。"

莫洛托夫说："如果英国完了的话，我们为什么还要到这个防空洞里来呢，这炸弹是谁丢在我们头上的呢？"

里宾特洛甫找了个借口，搪塞了过去。

◎ 访德汇报会

　　莫洛托夫从希特勒那里没有得到什么有价值的消息，当然在里宾特洛甫这里就更不会得到什么了。几天的访问中，除了听主仆二人的炫耀吹嘘，便是对自己的恭维客套。坐在回国的专列上，莫洛托夫抽着烟斗，望着窗外一片片农田、村舍。他在想，回到莫斯科，斯大林最关心的一个问题肯定是：根据这次会谈，您觉得希特勒会不会进攻我们？会在什么时候进攻我们？

　　关于这个问题，他无法回答。里宾特洛甫的异常热情，希特勒的大肆吹嘘，这些肯定都是表面文章，但是他们在掩盖什么呢？想到这里，莫洛托夫突然回想起，当他对希特勒毫不客气地抛出一连串尖锐的问题时，刹那间，希特勒的眼中露出一丝凶光，还有他微微颤抖的手指。这些都表明德国人是在演戏，希特勒对苏联怀有深重的敌意，所谓重新瓜分世界，分享德国胜利的果实，肯定是希特勒的诱饵。他们言不由衷地表示愿意我们加入轴心国，但是对于芬兰和罗马尼亚有德国驻军一事却闪烁其词，这正说明德国人心里有鬼。可以肯定，一旦德国从英国、巴尔干和非洲腾出手来，必然会撕毁《苏德互不侵犯条约》，调转炮口对苏联发动进攻。

可是，希特勒会选择在什么时候进攻？他只能有两种选择：一是在彻底打败英国之前，二是在彻底打败英国之后。虽然希特勒和里宾特洛甫都在宣称"英国已经完了"，但在莫洛托夫访问的短短几天里，英国空军曾3次轰炸柏林。尤其是在里宾特洛甫办公室的那次，在空袭警报响起时，德国外交部长快速跑进防空洞，黑暗的楼梯也不能阻挡他熟练的动作，这对德国人来说显然是非常熟悉了。也就是说，英国仍然对德国构成严重的威胁，希特勒西线的目的远远没有达到，他敢在这种情况下置西线的威胁于不顾，掉头来打苏联吗？果真这样，德军势必造成两线作战、腹背受敌的不利局面。

对于希特勒非常人的处事方式，莫洛托夫无论如何都不敢下结论，但是斯大林是不会满意这种模棱两可的报告的。专列伴随着莫洛托夫的思绪很快驶进苏联国境，无论如何，他必须给斯大林一个合理的解释。

斯大林早已在莫斯科做好了迎接莫洛托夫的准备。鉴于这次出访德国的意义非同一般，斯大林在听取莫洛托夫汇报时，还找来了国防人民委员铁木辛哥元帅和苏军总参谋长朱可夫大将等军队领导人。

莫洛托夫从在柏林遇到的三次空袭开始说起，他说到了德国人的敌意，以及希特勒对斯大林提出的问题的种种回避等。最后，莫洛托夫总结说："德国远远没有解决英国战场的麻烦，同时鉴于丘吉尔政府特别强硬的态度，德英两国不太可能达成和解。我们知道，希特勒不论是在大西洋上的海战，还是海峡上空的空战，均没有得到半点儿便宜。在没有制海权和制空权的情况下登陆英国，将不是一个能迅速完成的作战任务。我个人认为，如果希特勒不想两线作战的话，至少不会在明年（1941年）冬天之前进攻我们。也就是说，在占领英国之前，希特勒不会对苏联发动战争。"

听完莫洛托夫的汇报，斯大林及其他与会人员沉默了好一会。斯大林打破沉默，用一种征询的语气，对莫洛托夫说："德国人会来进攻我们，这一点我们早就料到了。但是，我们现在还没有做好充分的准备，我们的主力部队很多还编制未满，我们的摩托化部队还刚刚组建，对部队的机械化改造需要两年左右的时间才可能完成。我们能够和德国人抗衡的先进战斗机和坦克尚没有大量装备部队，要做的事太多了……莫洛托夫同志，如果像你说的，希特勒不会在结束对英作战之前进攻我们，这就给我们多少留下了一些准备的时间。要知道越早开战对我们越不利。这个时间有多长呢？一年还是几个月？我看我们必须用我们的办法尽力拖延这个时间。我们不应该去刺激希特勒，更不能授之以柄，说我们首先破坏了《苏德互不侵犯条约》。否则，当希特勒感到我们已经准备对他开战时，他就会不顾一切地缩短给我们的准备时间。也许他会铤而走险，等不到攻下英国就来对付我们，这是对我们最不利的，要竭力避免，必须尽最大可能减少刺激德国的军事行动，不能让希特勒有机会怀疑我们在进行军事准备。"

斯大林分析完后，立刻对铁木辛哥和朱可夫说："从今天起，边境地区的部队调动和向边境地区的部队调动，一律要经过我的批准。"

大家没有再说什么。会议结束后，朱可夫同铁木辛哥同乘一辆车。汽车驶出克里姆林宫后，朱可夫自言自语地说："他心里只有一个念头：避免战争。可是明知道敌人要进攻，却反而采取保守的措施，这不是等于把赌注押在敌人身上吗？"铁木辛哥望着车窗外，一句话都没有说。许久，低声说了一句："我们还是相信斯大林同志的判断吧。"

◎ 斯大林固执己见

12 月 28 日，德国共产党员、苏联情报人员理查德·佐尔格通过无线电向苏联红军情报部发出如下电文："在德苏边界现集结了 80 个德国师，希特勒企图沿哈尔科夫—莫斯科—列宁格勒一线占领苏联领土。"

1941 年年初，佐尔格向苏共中央报告了通过从德国抵日本的特使那里获得的有关德国部队在苏联边界加紧集结和从法国调遣兵力的情报。报告说，德国在与苏联接壤的东部边界上已完成了战斗工事的构筑。

1941 年 2 月，斯大林要求重建苏德边境防御工事。从 2 月底到 3 月初，红军最高军事委员会在莫斯科举行会议。会上，负责武器装备的副国防人民委员 G.I. 库利克、负责边疆防御的副国防人民委员 B.M. 沙波什尼科夫以及政治局委员 A.A. 扎达诺夫极力主张拆除"斯大林防线"，重新构建新的边界防御系统，但他们的意见遭到了苏军总参谋长朱可夫大将和国防人民委员铁木辛哥元帅的反对。

2 月的某一天，佐尔格得到了有关德国入侵苏联的巴巴罗萨计划的可靠情报，并通知了苏联有关部门。其实，在德国本土和德军占领区，有个名叫"红色唱诗班"的大型情报组织早在 1938 年就开始向莫斯科输送情报。这个组织尽管在 1939 年苏德签署《互不侵犯条约》时就已经表示不再与德国政府为难，它还是在德国突袭苏联前夕给了斯大林必要的警告。特别是在 1941 年后，"红色唱诗班"重新活跃起来，并在不到一年的时间里，发展成拥有大约 100 人的通过无线电向苏联传送情报的组织。

3 月 20 日，苏联红军情报部长戈利科夫援引苏联驻柏林武官的一份通报指出："针对苏联的军事行动预计在 1941 年 5 月 15 日至 6 月 15 日之间开始。"遗憾的是，情报部所得出的结论却恰恰又抹杀了它的作用，结论指出，"有关反对苏联的战争不可避免地发生在今年春天的种种传闻和文件，作为英国甚至可能是德国间谍机构施放的烟幕看待。"

如此不可信的结论，尽管来自情报部长的情报总是立即向斯大林报告，尽管从 1940 年夏季开始，苏联驻各国外交代表、武官及其工作人员向情报部长系统而全面地报告了德国准备对苏战争的情报，但是它始终未能促进苏联国防部和斯大林得出正确的决策。同日，美国向在华盛顿的苏联大使馆提供了一份秘密报告：希特勒将在 5 月份进攻苏联。

4 月 25 日，驻莫斯科的德国海军武官经由设在柏林的外事办给德国海军最高司令部发了一封电报，内容如下："有传言称德苏之间爆发战争的可能性与日俱增，英国大使预计爆发的日期将为 6 月 22 日。"

之前，英国首相温斯顿·丘吉尔曾委托在莫斯科的英国驻苏联大使斯塔福德·克利普斯转告斯大林："下面是我将要告诉斯大林先生的一些消息，你可以以我个人的名义通知他——'我从一个可靠的组织获得确切的情报，德军按计划拿下南斯拉夫后，也就是说在 3 月 20 日以后，他们会从罗马尼亚的 5 个装甲师中抽调 3 个师进入波兰南部。所谓的塞尔维亚革命在一开始就搁浅了。以您的睿智，我想是不会忽视这些情报的重要性而毫无准备的。"几乎在同一时间，在驻德国的美国大使馆举办的聚会上，一位德国空军军官直接告诉苏联大使馆的工作人员，德国的空军和陆军主力部队已经调往东线。

5 月 5 日，华沙方面向斯大林通报了德国准备进攻苏联的消息："在华沙和波兰领土上的军事准备是公开进行的，因此，德国官兵把即将到来的德苏之战作为既定之事公开议论，毫不忌讳。战争预计在春季野外作业结束后爆发。"

5 月 15 日，苏联间谍理查·佐尔格在日本东京向莫斯科报告：德军将在 6 月 20 日前后对苏联不宣而战发动突然袭击。

5 月 21 日，苏联情报人员佐尔格再次向莫斯科报告："德国拥有 150 个师组成的 9 个集团军，用以对付苏联。"月底，佐尔格还转发了德国驻东京大使奥特的声明，"德国对苏联的进攻预定在 6 月中旬"。同时，苏联基辅特别军区情报处处长邦达列夫报告说，德军新型坦克不断开往苏联边境的重要地区，德国针对苏联的军事准备最近显得更为紧张。

6 月 1 日，苏联情报人员佐尔格继续向莫斯科报告："苏德战争预料在 6 月 15 日爆发……最猛烈的进攻将由德军左翼部队实施。""在东部边界（指德苏接壤部分）目前已集结了 170~190 个师，主要方向将针对莫斯科和列宁格勒，然后是乌克兰。"

6 月 6 日，斯大林收到了有关德国和罗马尼亚军队共 400 万官兵在苏德边界集结的侦察情报。来自安卡拉绝对可靠的情报说，"在土耳其新闻界和外交界中，有关德国对苏战争的传闻非常厉害。德国已在苏联边界集结了120个步兵师，现正在罗马尼亚和芬兰进行紧急动员。"

6月15日，苏联情报人员佐尔格向莫斯科发去的两份无线电报更有特殊价值，其中一份称"战争将于6月22日开始"；另一份指出"6月22日拂晓将在宽阔的正面展开进攻"。

6月，美国驻苏联大使亲手将一份文件交给苏联外交人民委员莫洛托夫，提醒说，德国将在两星期内进攻苏联。也是在这个月，中国共产党潜伏在德国驻华大使馆的情报人员截获了德国将进攻苏联的秘密情报，立刻电报斯大林："德国将在6月下旬进攻苏联。"

1941年的上半年，斯大林收到了许多有关德军正在苏联和波兰边境秘密集结的情报。实际上，几乎整个欧洲都在谈论，希特勒将对苏联用兵，各国政府都相信，希特勒在东线集结重兵，绝对是意在东犯，所有这些仍然没有引起斯大林的重视。

在斯大林不以为然的情报中，有许多是关于德国正在改建和扩建穿越东欧一直延伸到苏联边境的公路和铁路的情况，这就是所谓的"奥托工程"（笔者注："奥托"是德语，意思是"东方"），该项工程始于1940年10月1日，竣工于1941年5月10日，显然这是在为发动对苏联的战争做准备。只有斯大林一个人不这样认为。他固执地坚信德国不会背弃《苏德互不侵犯条约》，不敢冒两线作战的风险，也固执地坚信莫洛托夫从柏林带来的虚假的信号：德国不会在结束对英作战前掉头进攻苏联。因此，苏联红军也就没有提高安全戒备等级。

斯大林也许不愿激怒希特勒，抑或坚信，希特勒不会在其西部还要与英国人作战的情况下，在东部再发动一场战争，因为对于任何人而言，两线作战往往是自取灭亡。其实，他未尝没有想到苏联与德国之间必有一战，但是他固执地认为这场战争将在 1942 年爆发。苏联历史学家德·安·沃尔科戈诺夫曾经亲身参加过二战，针对此事件，他评价道："斯大林就像是尘世间的上帝，只有他一个人说'战争不会马上爆发……'而斯大林在这个问题上所受的蒙蔽，与他早期残酷地压制自己所反感的言论不无关系。如果不是这样，原本不该发生的也许就不会发生。"

　　从 1941 年开始，驻扎在苏德边境的德军兵力开始发生变化。3 月初，德军在东线驻扎的兵力为 34 个师。到 4 月 23 日，增加到了 59 个师。截至 6 月 5 日，德军数量已经增加到了惊人的 100 个师。面对德军如此大变化，苏联领导人斯大林的想法让人极为惊诧，他居然天真地以为德国会在正式对苏联宣战后才会出兵。他认为，在德国对苏联正式宣战后的早期，战争规模和强度必定非常有限，这将为苏联动员预备役部队提供必要的时间。正是在这种想法的驱使下，苏联布置在前线的兵力极为薄弱，边防部队和预备队数量极为有限，根本无法抵挡大批德军的突破。

◎ 投诚者

6 月 13 日，爱沙尼亚、拉脱维亚和立陶宛地区的苏联行政当局逮捕了 5 万多名有可能协助德军的潜在敌人。14 日，苏联报纸否认了德军将要进攻的消息。15 日下午，德军高级指挥官们就接到了进攻苏联的确切日期和时间，装甲部队开始借助夜色的掩护向边境地区进发。

6 月 17 日，芬兰方面开始秘密进行军事动员，征召了 44 岁以下的所有预备役军人。在苏芬"冬季战争"期间，作为苏联的盟友，德国并没有给予芬兰丝毫的支持与援助。如今，德国将芬兰视为潜在的盟友，同意对苏联北部港口摩尔曼斯克进行封锁并对东南部的列宁格勒附近的拉多加湖区域展开进攻，以此来配合芬兰方面的进攻。

6 月 18 日，大战在即，斯大林却离开莫斯科去度假避暑了。

6 月 19 日，德军一些逃兵越过边境向苏联红军透露了德军即将发动进攻的消息。其中，一个名叫克皮克的德军士兵，从位于波兰境内的部队驻地偷偷溜过边境线，于 6 月 21 日逃入苏联境内，提醒内务人民委员会边防部队警惕德军这场迫在眉睫的进攻。尼基塔·赫鲁晓夫在战后回忆了这一事件的整个过程：根据斯大林的命令，克皮克后来被作为奸细枪决了。克皮克并非那一天越过边境的唯一的叛变士兵。

6 月 21 日凌晨 2 时 50 分，机要秘书神色慌张地走进斯大林的卧室，他刚刚收到一份关系重大的紧急密电，要立刻交给斯大林。机要秘书问斯大林的贴身警卫："斯大林同志睡了吗？我有紧急电报，从西部特别军区发来的。"

"不是特别重要的话，还是等一两个小时吧。斯大林同志今天收到了很多紧急文件，一直没有休息。可能情绪不太好，刚刚睡着。"

"可是这份密电是西部军区参谋长发来的。"机要秘书说

"几乎每个军区的参谋长都发来了密电，都说是十万火急。"

"让我进去看一下，如果斯大林同志睡着了，我就在外边等一会儿。"机要秘书着急地说。

"什么情况？"房间里突然传来斯大林略带沙哑却十分响亮的声音。

"科尔波诺同志说有份急电要交给您！"警卫连忙回答。

"请他进来！"

科尔波诺低头匆匆而入。斯大林并没有睡，坐在外间屋的躺椅里，翻阅着白天送来的一堆文件。

"什么情况？"

"西部特别军区参谋长克里莫夫斯基赫急电！ 2 时 40 分发来的。"

不等斯大林要求，机要秘书便开始念电文：

速交，送总参谋长

第一，6 月 20 日在奥古斯图夫方向德国飞机侵犯我国边境：17 时 41 分有 6 架飞机，17 时 43 分有 9 架飞机，17 时 45 分有 10 架飞机……根据边境部队的汇报，这些飞机携带了炸弹。

第二，根据第三集团军司令员的报告，沿奥古斯图夫、谢伊纳路旁的边境，铁丝网白天还在，傍晚时被拆除。在这一地区的森林里，似乎可以听到地面发动机的轰鸣声。边防军加强了值勤……

类似这样的情报，斯大林已经收到很多份了。他一直在思考，这些情报到底意味着什么？难道是德国真的要准备进攻？在与希特勒的斗智中，斯大林错误地估计了对手。他相信，这不会是进攻的前奏，希特勒不会冒着巨大的风险去撕毁《苏德互不侵犯条约》进攻苏联的。这是希特勒的诡计，他想用边境小规模的军事活动来刺激苏联的神经，一旦苏联反应过激，他就可以找到借口说是苏联违反了和约，然后就可以正大光明地开战了。斯大林决定不能上当，要在合适的时候进行军事准备，还不能刺激希特勒这个战争狂人。斯大林认为现在还不到大规模调动部队或者宣布战备的时候。

6 月 21 日下午 4 时，苏联基辅特别军区参谋长普尔卡耶夫将军突然收到一份报告。报告说，有一位德军的投诚者在昨晚偷偷地越过了边境，来到了苏军边防小队的驻地，说有重要的情报要报告，这个人说德军将在 22 日凌晨对苏联发动大规模的进攻。普尔卡耶夫认为这个情况很奇怪，战争还没开始，德军怎么会有投诚者呢？倘若情况属实，问题可就严重了，必须马上弄清楚。普尔卡耶夫拿起电话，命令马上把这个人带到司令部来，但是转念一想，指挥部刚刚秘密迁到这里，还是亲自去一趟比较好。

普尔卡耶夫命令司机以最快的速度驶向抓获投诚者的边防小队驻地。一路上在颠簸的车厢里，普尔卡耶夫的头脑在飞速地思索着。他看了看手表，距离报告说的22日凌晨，只剩下十四五个小时了。新的指挥部还没安定下来，通信还没法保证畅通，这可真不是时候，必须首先将情况最快地汇报给朱可夫和斯大林，让他们能及时作出判断。同时，还要命令边防小队加强岗哨巡逻，做好战斗准备，命令所有主力部队进入前线，抢占阵地，构筑防御工事。但是这样做有点难，多数主力部队还在距离边界很远的地方，且机动能力很差，主力部队全力调集一下，也需要两天的时间，还是来不及应付的。

斯大林和朱可夫

普尔卡耶夫的汽车很快到达边防队的驻地，几名尉官迎了上来，其中一个上尉主动打开车门。普尔卡耶夫单刀直入："俘虏在哪儿？他说了什么情况？"

"我带您去。他是主动跑过来的，这可真是个勇敢的家伙！他说德军将在今夜发动进攻，他们的部队正在开进总攻的前沿阵地，都是主力装甲部队。还说了一些别的，不太清楚，我们这儿缺少好的德语翻译。"

来到一间营部办公室，普尔卡耶夫看到一个 40 岁上下的高大军士，坐在椅子上，留着络腮胡子，褐色的头发卷卷地遮住了眉毛，穿的是德军配发的便装，衣服很脏，很多地方都破了口子。他的一支胳膊缠上了绷带，看来是负伤了，脸上的神色显得颇为焦急。

普尔卡耶夫问："你是哪支部队的？"

德国军士回答："我是南方集团军群第三装甲军摩托化步兵旅坦克二营的司务长，叫罗兰·施罗特。我昨天夜里过来，为了向你们报告重要情报。"

普尔卡耶夫打断他的话："为什么跑到我们这里来通报你们的情况？"

施罗特沉默了一下，抬起头来说："我是德军的一名士兵，但我又是一名共产党员。"

"你是共产党员？"

"是的，但是我们的组织早就被破坏了，我已经失去组织了。可我坚信共产主义的希望在苏联，这些天我一直在等待机会向你们报告这些情况，我不知道对此了解多少，但从我与你的部队的接触中，我感到你们几乎毫无准备。从我知道的情况看，苏联可能大祸临头了。希特勒的意图完全超过了我的想象，恐怕也超过了你们的想象。作为一名共产党员，我不能看着共产主义被法西斯主义打败，所以我不顾危险跑了过来。"

施罗特向普尔卡耶夫将军讲了他们部队这些天来的行动，讲了他们最后的调动，复述了希特勒的宣告内容。为了取得信任，他还说了他的入党时间、地点和介绍人，讲了他的组织被破坏的情况。

　　施罗特汇报的德军的行动与普尔卡耶夫掌握的情报比较吻合，而且他说的情况也解答了普尔卡耶夫心中对德军意图的疑惑。要真是这样的话，就必须采取最果断的行动，时间太紧迫了。不过，还是要谨慎些，以防有诈。普尔卡耶夫没有流露出惊奇或紧张的神色，只是感谢了这位司务长。普尔卡耶夫走出房间后，对身边的驻地营长说："看好他，不要告诉他我是谁，也不要跟他讲我们的情况。有什么情报及时向我汇报。"

◎ 含混不清的命令

6月21日晚10时，苏军总参谋长朱可夫反复研究这两天收到的前线各军区的报告。这些报告越来越清晰地反映出德军在边境的意图：不断地入侵苏联领空，不断地调动坦克部队，不断地抓到德军的特务。这些情况单独看来好像是很普通的边境摩擦，但是如果把它们综合起来，就散发着浓浓的战争气息。

两个星期前，朱可夫曾制订了一个大胆的计划呈报给斯大林，既然希特勒早晚会打过来，不如趁他准备进攻的时候在全线调集主力突然杀过去，倒有可能取得出其不意的效果。朱可夫的计划遭到斯大林的断然拒绝。他又建议给部队下达战斗警报，命令主力部队进入前沿阵地展开防御，仍然被斯大林否定。朱可夫知道，现在斯大林的脑子里只有一个想法——回避战争，要想说服他，除非有强有力的证据。

朱可夫想，是不是给斯大林打个电话，再把这些情报向他通报一下，希望他能考虑采取有力的对策。但是这样的话，也许只会激怒斯大林，反而收不到良好的效果，倒不如找一个好的机会，和国防人民委员铁木辛哥取得一致，共同劝说斯大林。

这时，通信员跑来报告："基辅军区打来电话，说是有紧急事情报告。"朱可夫连忙接通了电话。电话中传来的声音非常熟悉，是他在基辅军区工作时的老战友、现任基辅军区参谋长普尔卡耶夫将军："是朱可夫同志吗？我这里发生了非常严重的情况。一个德军的司务长今天早上越过边境来投诚，他是个共产党员，报告说德军主力坦克部队已经进入攻击阵地，将在今天夜里，也就是5个小时以后开始进攻。希特勒的公告已经宣布了，这不是一般的骚扰或侵犯，目标是深入我纵深地带，合围我军主力，最后用闪击的方式打垮我们。我希望您能考虑这个重要的情况，立刻作出决定，部队必须尽快展开进入阵地，不然就来不及了。"

"您认为他的话可信吗，普尔卡耶夫同志？"朱可夫插话道。

"他说的德军的动向和我们掌握的情报是吻合的，我仔细审问了他，我认为他的报告是可靠的。"

"这个人没有问题，快下决心吧，朱可夫同志。"电话那边又传来了基辅特别军区司令基尔波诺斯的声音。

"我立刻通知斯大林同志，有命令会告诉你们的。"说完，朱可夫挂断了电话。朱可夫放下电话，陷入思索。他知道，尽管基辅特别军区司令员基尔波诺斯是个火暴脾气，办事有时太过鲁莽，但是普尔卡耶夫心思缜密、头脑清醒，他的判断应该相信。朱可夫立刻将这一情况报告给了铁木辛哥，元帅同意朱可夫的判断，让他立刻向斯大林汇报。

斯大林接到电话时迟疑了一会儿，朱可夫问道："斯大林同志，可不可以立刻命令部队进入一级战备，随时准备打击德国入侵者？"

斯大林没有直接回答朱可夫的问题，只是说："你同国防人民委员铁木辛哥到克里姆林宫来一趟。"

警卫直接把朱可夫和铁木辛哥引入斯大林的办公室。斯大林坐在他的躺椅上，烟斗拿在手里，脸上现出少见的忧虑的神色，甚至有一种朱可夫从来没见过的慌张。两人刚刚进屋，斯大林就直接问道："朱可夫同志，基尔波诺斯同志报告的这个情况可靠吗？那个投诚者，会不会是德军为了挑起冲突而派来的奸细？"

听到这话，刚刚坐下的铁木辛哥立刻站了起来，斩钉截铁地说："不是！我认为投诚者说的是实话。"

朱可夫也坚定地点了点头。

这时，来参加紧急会议的苏共中央政治局委员陆续走进了斯大林的办公室。斯大林沉思了半晌，望着铁木辛哥说："我们该怎么办？"

"应该立即命令边境军区所有部队进入一级战斗准备。"铁木辛哥坚定地回答。

斯大林犹豫了一下，问："起草命令了吗？"

"有一个命令草稿！"朱可夫答。

"快读一下！"斯大林说。

朱可夫打开公文包，取出命令稿念道：

列宁格勒军区、波罗的海沿岸特别军区、西部特别军区、基辅特别军区、敖德萨军区军事委员会：

　　抄送：海军人民委员

　　1941 年 6 月 22 日到 23 日德军可能在列宁格勒军区、波罗的海沿岸特别军区、西部特别军区、基辅特别军区、敖德萨军区正面发动突然袭击。

　　我军的任务：列宁格勒、波罗的海沿岸、基辅、敖德萨各军区部队进入一级战备，以防范德军及其盟军发动突然袭击。

　　兹命令：

　　1. 1941 年 6 月 21 日夜间，隐蔽占领国境筑垒地域各发射点；

　　2. 1941 年 6 月 22 日拂晓前，将全部飞机包括陆军航空兵飞机，分散至各野战机场，且进行周密伪装，拦截一切入侵领空的飞机；

　　3. 所有部队进入战斗准备，进行分散、伪装，主力部队进入一线工事的同时构筑纵深防御工事；

　　4. 防空部队不要等补充兵员到位，应立即进入战斗准备。城市和目标地区采取灯火管制。

　　朱可夫念完后，把命令稿递了过去。斯大林接过后，仔细看了一遍，问其他政治局委员有什么意见。大家都不说话，斯大林也陷入了沉默，把他那标志性的烟斗放进嘴里，但是烟斗并没有点火。朱可夫有点沉不住气了，他想到现在距离对方可能发起突袭的时间只有五六个小时了，就算立刻传达命令，很多任务也很难完成，没有犹豫的时间了，他想提醒一下斯大林："我认为……"

朱可夫的话刚出口，就被斯大林打断了："我认为现在下达这样的命令为时过早，也许问题可以和平解决。命令要简短，指出袭击可能从德军的挑衅行动开始。边境部队应不受任何挑衅影响，以免将问题复杂化。"

　　朱可夫对斯大林的一番话深感失望，斯大林仍然以为德军不会贸然进行两线作战，认为可能以挑衅的方式刺激苏联先开火，认为要不顾一切避免战争……

　　朱可夫没有办法，他知道要说服斯大林有多么困难，而现在最为关键的问题是，根本没有时间辩论，必须立刻下达命令，哪怕是并不完善的命令。于是，他向斯大林做了妥协："斯大林同志，你看这样行不行：在第一条中写明，'袭击可能从挑衅行动开始'；在第二条'我军的任务'中加入'不受任何挑衅行动的影响，以免使问题复杂化'。"

　　斯大林踱了几步，猛地停下来，挥舞着手中的烟斗说："加上这两句，再删掉'拦截一切入侵领空的飞机'和'进入一线工事和构筑纵深工事'这两句话，并且加上一条，'第五，在没有特殊命令的情况下，不得采取任何其他措施。'你再去修改一下吧。"

　　朱可夫认为，这样的命令实在是有点含混不清，但是没时间辩论，也没法跟斯大林辩论。他立刻同副总参谋长瓦杜丁一起按照斯大林的意思重写了这份命令。又给斯大林和各位政治局委员念了一遍。得到斯大林的认可后，瓦杜丁立刻带上命令返回总参谋部，下达给各军区。

◎ 进入紧急戒备

6月22日0时20分，位于塔尔诺波尔（1944年后改名"捷尔诺波尔"）的基辅特别军区司令部内，司令员基尔波诺斯将军和参谋长普尔卡耶夫将军正在焦急地等待莫斯科返回的消息。普尔卡耶夫早就做好了下达各种命令的准备，他将设想好的所有部队调动和动员情况拟好了草稿。自从见到那个投诚的司务长后，他就一直在思考这件事。到了晚上8时左右，又接到一个报告，前线又有一个德军士兵潜过边境，来向苏军投诚并通报了消息，与那个司务长施罗特的汇报一样，看来德军的进攻将在凌晨展开。司令员和参谋长立刻向总参谋部汇报了这一情况，却没有得到反馈。

基尔波诺斯早就等不及了，他在办公室来回踱步："朱可夫同志应该知道问题的严重性，现在如果还不下达命令，一切就都来不及了，他可不是婆婆妈妈的人。"

普尔卡耶夫一遍一遍地看着他草拟的几份不同的命令，听到司令员的话，他说："朱可夫同志当然不会延误战机，但是下达这样的命令恐怕要经过最高统帅。我觉得也许此刻朱可夫正在说服斯大林同志呢。"

"反正命令是一定会到的，我看我们不如先下达命令，让部队提前进入战斗状态，不然就真的来不及了！"基尔波诺斯说着就要去拿电话。

普尔卡耶夫一把拉住了他伸向电话机的手："等一等，我们还是等待命令吧。毕竟我们只了解面前的一点儿情况，斯大林同志和朱可夫同志可是能看到全局的。"

基尔波诺斯轻轻叹了口气："参谋长说得对，斯大林同志能看到更多情报，一定有他的想法。"他想到作战部长巴格拉米扬率领的辎重车队还在从基辅赶往这里的路上，司令部的大多数通信设备和军事文件都在那里。如果车队不能及时赶到塔尔诺波尔，即使莫斯科的命令来了，司令部也很难迅速将命令传达到每一个作战部队和边防哨所。给他们下达的命令是22日上午7时到达塔尔波诺尔。如果他们严格遵照命令办，那可就全完了，司令部在德军开始袭击时将陷入通信指挥半瘫痪的状态。

正在这时，通信员跑进来报告："司令员同志、参谋长同志，莫斯科急电！"

两位将军听到这个报告，不约而同地站了起来，奔向发报室。这里唯一的一台发报机正在"嘀嘀答答"地收着莫斯科来的急电。本来可以用多台收报机同时接收，但是其他的几台还在路上，先运来的这台是一部老掉牙的旧机器。看着它吃力地接收电报，两位指挥官急得如热锅上的蚂蚁。

"不知这个命令有多长？"基尔波诺斯将军命令译报员接到多少立刻译出多少。然而，只译出了前面的情况通报，就听收报机一阵怪声，接着就"卡壳"了。基尔波诺斯将军立刻暴跳如雷，他大声地对电报组的通信员吼道："你们是怎么搞的？机器竟然在这个时候出问题！耽误大事的，知道吗？你们是想上军事法庭吗？"

通信员吓坏了，小声地解释："我们常用的电报机都没有运来，这台机器已经很久没有用了……"他还想解释什么，基尔波诺斯立刻吼了起来："你个蠢货，是想用嘴接收莫斯科的电报吗？立刻给我修好电报机！"通信员再也不敢说话了，几个人埋头修起了机器。

过了好半天，两位将军急得眼睛都红了，几位通信员浑身是汗，这台老机器终于又"嘀嘀答答"不紧不慢地开工了。电报一句句缓慢地译出。等全文发完时竟然已经 2 时 30 分，基尔波诺斯立刻命令传达莫斯科的指令，同时所有部队进入一级战备状态，主力部队以最快的速度展开。

司令员一系列的命令下达得很快，但是要传达下去却遇到了麻烦，司令部的通信设备很少，只能一个个向前线哨所和部队打电话。参谋长普尔卡耶夫叹了一口气，作为基辅特别军区的参谋长，他清楚地知道：一个师从接到警报到紧急动员、集中、行军并占据指定的防御阵地，需要的时间在 4 ~ 24 小时之间，而现在距离预判的德军进攻时间只有一两个小时了。恐怕很多边防部队和靠近国境线的野战部队要在毫无准备的情况下，面对德军强大兵力的突袭了。

6 月 22 日 0 时 30 分，莫斯科。

斯大林头绪万千，他实在是难以理清思路，只希望现在采取的措施能够迅速奏效。他又一次拨通了铁木辛哥元帅的电话。

"我们下发的命令，是否已经下达完毕？"

"是的，所有军区都已下达。"

斯大林略微松了一口气。

铁木辛哥又说："在下达命令的几个小时里，又收到了几个军区关于德军投诚者的报告。"

"什么情况？"斯大林问。

"类似于基尔波诺斯将军报告的情况，都说德军将在凌晨三四点左右发动攻击。"

"有什么新情况随时向我报告。"

斯大林放下电话，再次陷入沉思。为什么短短一夜之间出现好几起德军投诚事件，且情况大致相似？德军如果真要发起进攻，怎么前些天没有投诚者，而且这个时候情报人员怎么没有一点儿消息？这会不会又是希特勒的奸计？斯大林越想越觉得这件事像是一个圈套，他一遍一遍地回想自己对朱可夫起草的命令所作的修改，觉得这样的命令应该不会有问题，不会让部队对德军的挑衅做出过激的反应。想到这里，斯大林的心总算放下了一些。

6月22日凌晨2时20分，苏军第四集团军司令部还在对一个德国投诚者进行讯问，据他交代，战争将在2小时内爆发。

在大战即将爆发的时刻，苏联红军最高统帅部参谋部下达命令，要求西部军区进入紧急戒备状态："1941年6月22日前夜，部队秘密进入所有防御阵地；1941年6月22日破晓前，所有机场，包括附属部队驻地都要进行有效伪装；所有部队都要进入战备状态；陆军进行分散部署和伪装；防空部队进入紧急戒备状态；采取一切措施封锁城市以及军事设施；未经批准，任何人不得擅自行动。"2时32分，苏联红军所有部队接到命令："不得采取导致情况复杂的挑衅性军事行动……"

1941 年，斯大林领导下的苏联地跨欧亚两洲地域辽阔（2000 多万平方公里），人口（包括并入的波罗的海国家）达到了 1.9 亿，由 140 种不同语言的 170 多个民族组成。在这些民族中，只有 20 个民族的人口超过了 50 万人，其中处于主宰地位的是俄罗斯人和乌克兰人。可以说，苏联有着其他国家难以匹敌的战略资源。

战场上的苏联红军

苏德战争爆发前的苏联红军部队主要由五部分组成：陆军（占 79.3%）、海军（占 5.8 %）、空军（占 11.5 %）、国土防空部队和预备队。其中，比重最大的陆军主要分为五个兵种：步兵、坦克和机械化部队、炮兵、骑兵以及空中突击部队，以及一些为铁路、公路、工程、化学、防卫以及通信提供技术支援的后勤部队。苏联红军中的步兵部队也被称为"步枪部队",这反映出在苏联人的传统观念里,与纯粹的步兵相比较,步枪手占有非常重要的地位。步兵部队是陆军中规模最大的可以单独作战的部队,占前线军队总数的75%。苏联红军拥有303个师,其中88个师正在组建中,尚不具备战斗力。此时,红军步兵部队大致可分为四类:178个基干步兵师、18个山地步兵师、31个摩托化步兵师(组成机械化军)以及2个独立的摩托化步兵师。虽然坦克和机械化部队只占苏联红军总数的十分之一,但它们在决战中所起的作用是不可忽视的。

苏联红军机械化部队规模庞大,由29个机械化军组成,每个军拥有2个坦克师和1个摩托化步兵师,这一数目远远多于当时入侵苏联的德军装甲部队。然而,苏联红军当时虽然号称拥有28000辆装甲车,但实际上只有2000辆能真正投入战斗,44%的苏军坦克残破不堪,亟待大修,而26%的坦克无法就地修理。随着苏军坦克部队被击败,他们在身后留下了许多破烂不堪的车辆。坦克部队装备的大多是T-26型步兵坦克和BT快速坦克,配置了45毫米口径的火炮,这些已经被淘汰了的装备却成为德PzKpfwⅡ型坦克的对手。但是,坦克的维护工作以及零部件的短缺成为红军面临的一个不小的麻烦。苏德战争期间,苏联红军的炮兵部队给德军部队造成了60%~80%的伤亡。战争初期,每个苏军步兵师都拥有2个配备76毫米、122毫米、152毫米口径火炮以及榴弹炮的炮兵团。德军炮手对于苏军炮兵的技术能力不屑一顾,因为他们的火力在预料之中,炮弹的射程也非常有限。

由于老一代共产主义领导人和老兵的感情,红军骑兵部队被部分保留下来。他们在战争初期并没有起到太大作用。另外,苏联红军在人员构成上带有颇为浓重的民族色彩，每支部队的军官或政委都是俄罗斯人，自然俄语就成了指挥和指导的语言。在大战期间，这种带有强烈民族色彩的军队在各次战斗中的表现不尽相同：一些人由于对苏联政府不满，乐于投降德军，并将其视为一种解放；另一些人则宁死不屈，血战到底。

苏联红军整体划分为 3 个军区，战争爆发后不久后改为一个战斗意味更浓的名称——方面军，随之而来的还有被委以重任的新一届军队指挥官，他们的选拔不再局限于政治上的可靠性，而是根据军事上的果敢和干练，以及他们力挽狂澜的能力。在 6 个月内，他们还将新组建 300 个整编师投入战斗。

波罗的海地区的苏联红军由 24 个师组成，其中包括 4 个装甲师。当时，波罗的海三国的军队组成了 3 个独立的步兵军编入苏联红军，他们仍然身着本国军装，使用的却是苏联的徽章。在西段，普里佩特沼泽的对面，苏军部署了 30 个师，其中包括 8 个装甲师。在基辅周围部署了 58 个师，其中包括 16 个装甲师。尽管这些数字给人的印象颇深，但这些部队并没有真正投入到防御作战中去，它们大多分散部署在距边境线 320~480 公里地段上。

第四章
战争魔鬼巴巴罗萨出世

希特勒拍了一下博克的椅背，眼中迸发出炙热的火焰："把它从地球上消灭，是我们德意志民族天经地义的责任。它的内部已经腐朽不堪，它的部队已经被证明是涣散软弱的，我原本不想把如此之多的德意志英雄送上进攻苏联的前线……"

◎ 希特勒不想再等

苏联一直是希特勒难以割舍的心头肉，消灭红色苏维埃是希特勒全盘计划中关键的一步棋。自从 1917 年俄国十月革命后，布尔什维克就成了整个欧洲帝国主义列强的眼中钉、肉中刺。希特勒认为一旦对苏联开战，将具有整个欧洲讨伐危险的布尔什维克的战略意义，就像是第二次十字军东征。

1940 年 6 月初，法国战争即将结束，希特勒私下对 A 集团军群总司令龙德施泰特说："我真正的伟大使命是同布尔什维克主义算账。"他还说："斯大林这个家伙非常狡猾，会使用欺诈手段，可以在对他自己有利时背弃任何条约，说不定苏联什么时候就会主动对我国发起进攻。"

事实上，自从《苏德互不侵犯条约》签订之后，希特勒如芒在背。当希特勒指挥德军在法国大地上挥戈猛进的时候，苏联却悄悄地用和希特勒如出一辙的手段开始扩张势力范围。

6 月 12 日，斯大林向波罗的海国家立陶宛发出最后通牒，4 天之后，又向爱沙尼亚和拉脱维亚发出了同样的最后通牒，并向罗马尼亚边境派兵。在巨大的威慑下，三个国家举手投降。仅仅半个月时间，苏联兵不血刃吞并了波罗的海三国及罗马尼亚的两个省，这样就直接威胁到了希特勒的石油命脉。苏联甚至对罗马尼亚的北布科维纳提出领土要求，这使希特勒大为恼火，因为这个地区是奥地利王国的旧土，而且密集地居住着日耳曼人。

为此，希特勒专门回顾了1939年签订的《苏德互不侵犯条约》，他吃惊地在"秘密协定"中发现了一条重大漏洞，条约明文写着："在东南欧方面，苏联关心它在比萨拉比亚地区的利益，德国默认苏联在这些地区的利益。"其中"地区"一词竟然使用了复数形式，这就使得苏联对罗马尼亚的吞并行为完全不受该条约的限制，并且大量情报表明，丘吉尔正在极力拉拢苏联参战，斯大林有可能与丘吉尔结成同盟，而从背后直接进攻德国本土。如果那样的话，德军将在毫无准备的情况下，陷入两线作战的被动局面。

希特勒的顾虑还不只这些，最重要的是苏联掌握着德国的经济命脉。由于战争规模不断扩大，德国对原料的依赖越来越强，其中相当一部分如橡胶、石油、铜、铂、锌、石棉、黄麻和钨等战略物质只有苏联能够供应。如果不列颠战争没完没了地打下去，而美国的军事实力会像希特勒估计的那样，从1943年起充分显示出来，那么德国就要在原料上彻底依赖苏联。这时，苏联一旦改变主意，对德国来说将是灭顶之灾。

被动挨打可不是希特勒的行事风格，他在想，如果打败苏联，德国则可以放心地从苏联攫取充足的原料和农产品：乌克兰的小麦、顿巴斯的煤炭和矿石、科拉半岛的镍、高加索的石油、白俄罗斯的木材。

德国与苏联相比，战争潜力绝对处于下风。随着战争的不断扩大，美苏两国迟早会参战。到那时，德国将无法抗衡美英苏三大国两个方向的联合进攻，与其等死不如先集中兵力，速战速决拿下苏联，这样既可稳固一方，还能获得巨大的战争资源。另外，一旦迅速解决苏联，可以为日本消除隐患，支援日本就等于牵制美国，使之无法轻易分兵与德国对抗，同时也会将英国逼上孤立无援的绝路，强迫英国放弃抵抗，转而与德国寻求合作。如果这个想法实现了，那么对苏作战将不是两线作战，而是一箭双雕了。

为确保对苏作战成功，希特勒需要对苏联作进一步的认识，因为它实在是太神秘了，德军最高统帅部无从了解苏联坦克和飞机的数量。德国情报部门的报告所提供的数字只是猜测不是判断，因为这些数字没有确凿的事实为依据。关于苏军平时拥有的或者战时可能组建的陆军师的数目，也没有任何可靠的情报资料。情报部门只是以苏联人口和估计的工业潜力为依据，粗略地判断敌情。德军情报部门对苏联最高统帅部和苏军的主要将领几乎毫无所知。苏联广阔的国土上到底潜藏着多大的战争潜力，苏联军民究竟会表现出多大程度的抵抗，希特勒无从知晓。

然而，希特勒找到了一个参照物，那就是1939年苏联和芬兰之间的战争。在那场力量对比本应是一边倒的战争中，苏军的表现异常低劣。为了对付仅350万人口，一共只有15个步兵师、60辆坦克的芬兰，苏联动用了50个师、上百万军队、11000多门大炮、3000辆坦克和3000架飞机，耗时4个多月，伤亡26万人，是芬兰军队伤亡人数的3倍多。这和德军在欧洲横扫千军简直没法比。

希特勒从中得出一个结论：苏联外强中干，愚昧落后，苏联军队的武器装备远远落后于德军，斯大林的"大清洗"造成了高级军事将领的严重匮乏，军队指挥能力低下。德苏一旦开战，"在指挥、物资和部队诸方面，德国的优势有目共睹，苏联人一定会陷入明显的被动……苏军必将一触即溃。"西线对英国战事的拖拖拉拉，胜负难算，而且得不偿失，所有这些更坚定了希特勒决心着手开辟东线战场的信念，他一刻也不想等了。

◎ 争功，从制订计划开始

7 月 29 日，德军陆军总司令部一份紧急调令下达到部署在东线的第十八集团军军部，命令要求暂调十八集团军参谋长埃·马尔克斯少将到陆军总参谋部任职。马尔克斯忐忑不安地赶往陆军总参谋部报到，接待他的是陆军总参谋长哈尔德将军。

哈尔德先是夸奖了一番马尔克斯之前的突出表现，然后转入正题："根据元首的指示，我们要为未来在东线针对苏联所可能采取的军事行动作一些必要的筹划，所以需要一些了解东线情况、了解苏联军队和防御情况的人来制定一个行动方案。我认为你是最适合的人选，因此把你借调到总参谋部，完全负责制定这个方案。有什么问题吗？"

听了哈尔德的话，马尔克斯并没有感到什么惊奇，因为在战时总参谋部制订的各种作战计划草案实在是太多了，大多只是提供一个参考，很多计划方案制订出来便束之高阁。尽管如此，他还是要了解一下这个行动的具体要求，于是一连问了几个问题："行动何时开始？投入多少兵力？规模有多大？目标是什么？"

哈尔德说："行动计划在 1941 年春天开始，争取在 1941 年夏秋歼灭苏军主力。最终目标是彻底摧垮苏联，夺取广阔的领土和雄厚的资源，特别是南部和北部的资源。至于兵力，投入可用的全部兵力。"

马尔克斯明白了，这与他在东线时就在心里策划过无数遍的行动完全一致，要么就不打，要打就迅速歼灭苏军主力，一举摧毁苏联。他心里清楚，这是一个千载难逢的机会，他有十足的信心制订好这个计划，凭他在东线长期的观察和搜集的情报，凭他对苏联地理的研究，凭他在心里反复思量过的作战方式，一旦元首采纳了他的计划，并且下定决心进攻苏联，他就将在这场战争中成为元首的第一功臣，元首可能会把他留在身边当参谋，或者派他去指挥一个集团军，甚至一个集团军群，他将作为这场伟大战争的策划者和参与者而被历史记住。马尔克斯表示接受这项任务，并向哈尔德表示一定不会令希特勒失望。

马尔克斯的确是个战略家，仅仅用了短短一周时间便草拟了一份《东线作战方案》。

马尔克斯在方案中分析了德苏两国的力量对比：至 1941 年春，苏联地面部队可能拥 151 个步兵师，32 个过时的骑兵师，38 个机械化旅；德军可投入的兵力为 24 个装甲师，12 个摩托化步兵师，110 个步兵师，在坦克和机械化部队方面占有绝对优势。苏联西部的地形特点和交通状况是：南方河流纵横，道路短缺；北方森林密布，不利于机动；中部地势平缓，交通便利，位于这里的明斯克、奥尔沙、斯摩棱斯克大陆桥是装甲部队突向莫斯科的最佳路线。着眼于苏联的气候条件，5 月中旬至 10 月中旬是最佳的作战时间。

根据对客观条件和苏军可能的反应的具体分析，马尔克斯指出：德军应以莫斯科为主要突击方向，基辅为辅助突击方向，分两路攻入苏联领土。首先将苏联北部的主要兵力歼灭在伏尔加河上游东西两侧，并占领莫斯科；同时以一部分兵力掩护北翼，夺取波罗的海沿岸港口和列宁格勒；强渡第聂伯河后，北路挥师南下，协同南路以钳形攻势占领乌克兰；最终目标是进占罗斯托夫－高尔基－阿尔汉格尔斯克一线。战争一共分为四个阶段，计划以 9 至 17 周完成。

马尔克斯的《东线作战方案》声势浩大，富于冒险精神，但该方案显得有些不切实际，在部队机动、战斗实施和后勤保障等方面缺乏可行性。关键是与希特勒的意见相左，希特勒并不认为莫斯科是主要的突击方向，他所看中的是资源丰富的北部波罗的海沿岸和南部富饶的乌克兰。

1940 年 8 月，德军最高统帅部下达了代号为"东方建设"的命令，目标是在英国空袭范围以外的临近苏联的东部地区建立德军休整补充的后方基地，借此机会大量组建和训练新部队。为了便于部队机动，德军扩建了东部铁路网，改进通信联络设施，建设兵站。到 1941 年夏，德国完成了东部地区铁路干线的修复工作，使其通行能力提高到每昼夜对开 600 次列车。新建了从德国中部到东普鲁士、波兰和奥地利的公路干线，在罗马尼亚境内筑路修桥。这些措施按照德国的宣传，仿佛是为在东线休整的部队能快速投入西线作战而采取的措施。其实则正好相反，是为了将仍然滞留在西线和德国的主力部队能在进攻开始前短时间内运抵对苏前线，并在战争开始后不断运送给养和辎重。德军在德国和波兰境内新建和改建了机场 350 个、降落场 210

个，在罗马尼亚和匈牙利境内也修建了一些机场。这些大举动的战备措施为将来德军的机动及战争深入、战线推进、后勤保障做好了准备。

1940 年 8 月的一天，德军最高统帅部作战局局长约德尔听说哈尔德让人搞了一个对苏作战计划，认为这个功劳不应让别人抢去，何况制订对苏作战计划是他们统帅部参谋部的分内之责。于是，他命令手下的国防处处长伯·冯·洛斯堡拟订一份《东线作战研究报告》，希望能抢在哈尔德前面提交给希特勒。9 月 15 日，洛斯堡完成了这一报告的拟订工作，并用自己儿子的名字将计划命名为"弗里茨"。"弗里茨"计划吸收了马尔克斯方案的一些主张，同时首次提出：德军应该以 3 个集团军群分别向列宁格勒、莫斯科和基辅等三个方向实施突击。当中路进至西德维纳河以东时，应视情况以一部兵力转而北上，阻止苏军东撤。不过，这个报告仍然以明斯克、莫斯科为主要攻击方向。

与此同时，德国陆军总参谋部发现最高统帅部作战局也在制定东线作战方案，并且看到了"弗里茨"，于是决定修改作战方案。陆军总参谋部命令该部新任的第一总军务长弗·保卢斯中将负责修订这个方案。10 月 29 日，保卢斯在马尔克斯和"弗里茨"两个方案的基础上完成了代号为"奥托"的作战计划草案，哈尔德认为这个方案已足够成熟，便将它呈报给了希特勒。

希特勒看了约德尔呈来的"弗里茨"计划和哈尔德的"奥托"计划，觉得这两个方案都很成熟，且相差不远。只不过在主要突击方向上，两个作战计划的意见都和希特勒的设想不同。两个计划都是从军事战略的角度出发，认为攻克莫斯科是德苏战争的主要目的。然而，希特勒认为乌克兰和北部的波罗的海沿岸才是真正的战略要点。最终，希特勒在原则上同意了"奥托"

计划，同时提出南北两翼"必须快速而且强大""莫斯科不是很重要"等修改意见。

在之后进行的多次计划研究中，希特勒同他的将军们在意见上的不一致逐渐显露出来。希特勒仍然固执地认为，打击敌人的经济腹地比占领政治中心莫斯科更为重要。确实，他进攻苏联一半的目的就是夺取包括石油在内的重要战略资源，所以他认为，应该先以北方和南方为主要突击方向，等夺下了北方的列宁格勒和诸多港口以及南方的乌克兰，再两路夹击攻打莫斯科。

以陆军总司令布劳希奇元帅为首的将军们认为，一旦在北方歼灭了苏军主力，占领了莫斯科，就能彻底摧毁苏联的抵抗意志和军事实力，余下的任务就水到渠成了。德国和苏联这种强国之间的战争，就像两个高水平拳击手在比赛，任何一方的一轮重拳过后，对方都必然还以重拳，除非你的第一轮打击就能击中敌人的要害并使之彻底丧失战斗力，不然进攻过后会出现防御危机。双方的意见冲突看起来只是一个主要进攻目标的问题，但是在对苏的作战计划中却是一个重要问题。虽然在计划上兵分3路同时进攻北部、莫斯科和乌克兰3个目标，从表面上看，希特勒和将军们的矛盾被掩盖了。在对苏的作战计划中，多多少少蕴含了希特勒和布劳希奇的观点冲突，这也就为日后的目标争议和命令混乱埋下了伏笔。

◎ 何为巴巴罗萨

德国空军对英国的大规模空袭持续了近 3 个月，仍然没有达到预想的效果，征服英国的战争进入进退两难的阶段，让这位一向自信爆棚的德国元首感到无比郁闷。无奈之下，希特勒于 10 月 8 日命令登陆英国的"海狮"计划无限期推迟。

丘吉尔政府的顽强抵抗令希特勒抓狂，更让他觉得没面子的是在执行"海狮"计划的过程中，海军和空军在与英国皇家海军和空军的对抗中非但没有占到半点儿便宜，反而是英国空军在对柏林的不断空袭中鼓舞了英国人的士气。其实，这没有什么值得奇怪的，英国海军的兵力本来就是德国海军的 3 倍，而英国空军在美国的帮助下，其装备质量和数量都超过了德国空军。在完全没有制空权和制海权的条件下发起渡海登陆作战，简直就是让士兵去送死。希特勒隐隐感觉又窄又浅的英吉利海峡，对他来说变得越来越深，越来越宽。

被德军轰炸后的伦敦

英国强大的空军成为希特勒的心头之患，他私下里对部下说："对英国作战只会把两个国家都变成焦土，即使最终占领了英国，也必然使德军付出巨大的牺牲，那样的话，可能近 10 年内德国都无法再发动大规模战争了。"

二战时期的英国皇家空军

此时，希特勒认识到，德军即使发动登陆作战，成功打垮了英国，仍然没有力量瓜分全世界土崩瓦解的英国殖民地，那样德意志人的鲜血就只便宜了美国人和日本人，这是希特勒绝对不愿看到的。他从来不做赔本的生意，既然英国是块食之无肉的鸡肋，那就寻找油水丰厚的肥肉。

12月5日，希特勒在总理府召开秘密会议。陆军总司令布劳希奇、陆军总司令部参谋长哈尔德、最高统帅部总参谋长凯特尔和最高统帅部作战局局长约德尔参加了会议。会议对"奥托"计划中的每一个步骤和战术细节都进行了归纳，进攻苏联的计划终于确定了下来。希特勒在一定程度上接纳了布劳希奇关于主要突击方向为莫斯科的建议，但是在计划中还是体现了两种意见的分歧。随着对整个计划的了解逐渐深入，希特勒对它的态度慢慢由怀疑转为信赖，最终醉心于这样一个伟大的历史上绝无仅有的庞大战略行动。

希特勒将"奥托"计划最终定名为巴巴罗萨行动计划。巴巴罗萨（Barbarossa）是意大利语，意思是"红胡子"，是12世纪著名的十字军东征领袖、神圣罗马帝国皇帝腓特烈的绰号，他也是德意志的士瓦本公爵和意大利国王。腓特烈大帝曾发动过大规模的侵略战争，5次入侵意大利。希特勒希望用这位800年前强大帝国缔造者的称呼，为他消灭苏联的"伟大"战争带来好运。

12月6日，约德尔委托他的副手、最高统帅部国防处处长瓦尔利蒙特根据会议通过的决定，起草对苏作战的巴巴罗萨行动方案。6天后，起草完成。

12月17日，约德尔将巴巴罗萨行动方案草稿呈报给希特勒。希特勒从头到尾看了一遍这个野心勃勃的方案。看完后，希特勒心想，假如一切能完美地实现，那这场战争所取得的胜利简直是太伟大了，这将成为人类历史的一次转折，更是战争史上的一个伟大奇迹。他满怀憧憬，忍不住挥动手臂高喊："只有日耳曼民族的勇士，第三帝国的钢铁雄师，只有我希特勒才配得上这样辉煌的胜利！"

希特勒下定决心，动用一切可以动用的力量，集中最精锐的部队，挑选最得力的指挥官来执行这次史无前例的冒险行动。空军方面，自然由戈林亲自指挥。陆军比较复杂，北方、中央和南方3个方向必须由身经百战且能独当一面的将领来指挥。希特勒首先想到了冯·博克，他出身军人世家，是少年得志的军事天才，受过一战的历练，得到过最高勋章，并且对装甲兵闪击战的了解在高级将领中首屈一指，8月刚刚晋升为元帅，没人比他更有能力指挥最重要的中央集团军群。还有一点特别让希特勒放心，博克对于他有着百分之百的忠心和无上的崇敬。

南方集团军群由谁指挥呢？希特勒想起了龙德施泰特，他同样在8月刚刚晋升为元帅，目前担任西线总司令。这是一位经验丰富、意志坚定的老将，只是龙德施泰特性格耿直，经常当面顶撞希特勒。1938年1月，当陆军总司令弗里奇突然被免职时，他求见希特勒，为弗里奇说情，结果自己也被迫辞职。波兰战役开始后，希特勒重新启用这位杰出的陆军将领，在一系列战役中，这员老将显示出了与他的年龄不相称的勇猛和果断。可是在前几天的会议上，他又对希特勒进攻苏联的决定提出强烈的反对意见，把气氛搞得很僵。但是希特勒了解龙德施泰特，一旦给他下达命令，他就会用全部的智慧和胆略来贯彻执行。南方集团军群交给龙德施泰特来指挥应该可以放心。

北方集团军群的情况比较复杂。从情理上说，最适合担任此职务的应该是冯·勒布元帅。他也是一位功勋卓著的老将，从比利时绕过马奇诺防线横扫法国的行动就是他领导的，但是希特勒对于勒布有所顾虑。勒布于 1938 年退伍，1939 年 8 月复被召回。他是个虔诚的天主教徒，处世谨慎保守，举止安然超脱，对纳粹政权持批评态度。尽管他在军事研究方面有很深的造诣，但是像其他老一辈德军将领一样，对坦克部队的特点和能力缺乏全面了解。最要命的是，他的性格中有一点为希特勒所不欣赏，那就是有些优柔寡断。勒布虽然经验也很丰富，但是与博克和龙德施泰特相比，显得软弱一些。德军高级将领像幻灯片一样，逐个在希特勒脑海里过筛子，经过反复权衡后，还是决定把这一职务交给勒布。希特勒拟定好高级指挥官的名单后，立刻发出通知，次日召开军事会议，宣布巴巴罗萨行动计划。

巴巴罗萨计划中被俘的苏军

◎ 传达密令

12 月 18 日，军事会议在柏林德国陆军总司令部的地下作战室里召开。希特勒将他的高级军事将领们召集在一起，准备正式宣布巴巴罗萨行动计划。希特勒站在长形会议桌的一端，背后是欧洲作战地图，上面标明了近两年中德军所有的军事行动和战果。希特勒站在吊灯下方，无比庄重地说："我今天刚刚签署了第 21 号指令，也就是对苏作战计划。"他的目光依次闪过布劳希奇和哈尔德的脸，对准了他的亲信高参凯特尔的眼睛："你们知道，我历来对苏联没有什么好感，它愚昧、落后、保守、自私、贪婪，它的存在是世界的耻辱！"

希特勒拍了一下博克的椅背，眼中迸发出炙热的火焰："把它从地球上消灭，是我们德意志民族天经地义的责任。它的内部已经腐朽不堪，它的部队已经被证明是涣散软弱的，我原本不想把如此之多的德意志英雄送上进攻苏联的前线，"他突然昂起了头，挥舞着右手，"但是，这是一种责任与使命，只有他们才有资格去根除那成千上万的劣等人！对于这样一场改变第三帝国历史的伟大的战争，能够参与其中是在座的每一个人包括我本人的荣幸。相信你们已经非常了解我们的巴巴罗萨行动计划，你们中的很多人在过去的日子里为制订这个计划付出了心血，你们中的一些人还将奔赴前线，指挥我们最精锐的部队将这个计划变成现实。"

说到这里，希特勒沉默了一下，继续说："下面由陆军参谋长哈尔德宣读我的指令。"哈尔德肃穆凝重地站了起来，向希特勒行了一个标志性的举手礼，然后打开手中的文件夹。

元首兼国防军最高司令　元首大本营

国防军统帅部／国防军指挥参谋部／国防处一组 1940 年 12 月 18 日

1940 年第 33408 号绝密文件

仅传达到军官

第 21 号指令

我国防军务必在对英国的战争结束前以一次快速的远征将苏联击败（即巴巴罗萨计划）。

鉴于此，陆军须动用所有可供使用的部队，不过有一个条件，即保卫被占领区免遭敌人的突然袭击。

空军的主要任务是，抽调强大的兵力支援东方战线的陆军，目的是缩短地面作战的时间，尽最大努力减少敌空袭对我东部地区造成的危害。集中兵力于东线的条件是：由我方控制的整个作战区域和军备工业区必须得到充分的保护，不要停止对英国特别是对其补给线的攻击。

东方作战期间，海军继续以英国为主要作战对象。

根据实际情况，我将在苏联战役开始前8个星期命令部队开始集结。

准备工作，需较长时间。如果准备工作还没有开始，那么当下应立刻着手进行，且必须在1941年5月15日前完成所有准备工作。

需要注意的是，千万不能暴露我们的进攻意图。

海陆空三军总司令部的准备工作务必着眼于下列几点：

一、总企图

装甲部队应果断地向敌人大纵深猛插，彻底歼灭部署在苏联西部地区的敌陆军主力，防止其有作战能力的部队向纵深地区撤退。

之后，快速追击以形成如下战线：苏联空军从该线出发不能对德意志帝国领土发动空袭。作战的最终目的是，在伏尔加河－阿尔汉格尔斯克一线建立一道针对苏联亚洲部分的防线。将来若有必要，空军随时能摧毁苏联残存的乌拉尔工业区。

在此作战中，应迅速摧毁苏联波罗的海舰队的基地，进而使该舰队丧失战斗力。

作战伊始即应对苏联空军发动强有力的打击，使其无法参战。

二、潜在的盟国及其任务

1. 我之作战两翼，希望罗马尼亚和芬兰能积极加入到这场战争中来。一旦两国参战，以何种方式将其军队置于我军麾下，国防军最高统帅部应在适当的时机进行磋商并作出决定。

2. 罗马尼亚的任务：至少在进攻伊始，以战斗力强的部队支援德军南翼的进攻；牵制非德军作战方向上的敌人；在后方地区遂行支援勤务。

3.芬兰部队一定要掩护由挪威调来的德军北方集团（第二十一集群一部）实施展开，并与其协同作战。另外，北方集团还担负攻克汉科的任务。

4.最迟在作战开始时起，瑞典的铁路和公路有可能供德军北方集团开进之用。

三、作战的实施

1.陆军（呈报给我批准的计划）

在被普里皮亚特沼泽地分隔成的南、北两个战区中，应将主力用于北部。计划在这里投入2个集团军群。

在这2个集团军群中，南方集团军群位于整个战线的中央，其任务是：以特别强大的装甲集群和摩托化集群，从华沙周围及其北部地区实施突击，粉碎白俄罗斯境内的敌军，从而创造有利条件，使快速部队的强大兵力转而向北，协同从东普鲁士向列宁格勒总方向突击的北方集团军群，歼灭波罗的海沿岸地区的敌军。只有在完成此项紧急任务并继而占领列宁格勒和喀琅施塔得之后，才可实施旨在攻占重要交通枢纽和军备工业中心莫斯科的进攻行动。

只有当苏联的抵抗力异常迅速地出现崩溃时，才有理由同时进攻两个目标。

在东方战场，第二十一集群最重要的任务依然是保卫挪威。其余兵力，在北部（山地军）首先应保卫佩萨莫地区及其矿井，以及北冰洋通道，以便尔后与芬兰军队一起向摩尔曼斯克铁路实施突击，切断摩尔曼斯克地区的陆路补给线。

德军能否以较强的兵力（2~3个师）从罗瓦尼埃米及其以南地区出发实施这一作战行动，取决于瑞典是否准许使用其铁路实施开进。

芬兰陆军主力的任务：配合德军北翼的推进，在拉多加湖西侧或两侧实施进攻，以牵制尽可能多的苏军兵力，进而顺利占领汉科。

在普里皮亚特沼泽地以南的集团军群力求在向心作战中，以强大的翼侧部队全歼尚在第聂伯河以西乌克兰境内的苏军兵力。为此，应从卢布林地区出发，向基辅总方向实施主要突击；位于罗马尼亚的兵力则应跨过普鲁特河下游，形成一只远远向前伸出的用于包围敌人的"手臂"。罗马尼亚军队负责牵制这中间的苏军兵力。

如果普里皮亚特沼泽地南部或北部的会战取胜，则应在追击中力争成功：

在南方，提前攻占在国防经济方面占有重要地位的顿涅茨盆地；

在北方，迅速进抵莫斯科。攻占该城，意味着政治和经济上的一个决定性的胜利，此外，还意味着苏联失去了最重要的铁路枢纽。

2. 空军

其任务是，尽可能削弱和排除苏联空军的作用，支援主要方向上的陆军特别是中央集团军群的作战行动和南方集团军群主要翼侧的作战行动。对于苏联的铁路，应视其对作战的重要程度，或者予以切断，或者果断使用伞降和机降部队占领其附近的最重要目标。为能集中一切力量对付敌空军和直接支援陆军。在实施主要作战行动期间，对敌军备工业可不予以攻击。只有机动作战结束后，才能考虑进行这种攻击——首先是针对乌拉尔地区。

3. 海军

在苏联战争中，海军担负的任务：在保障我海岸安全的前提下，防范敌海军逃出波罗的海。攻占列宁格勒后，苏联波罗的海舰队便失去了最后一个基地，随后还会陷入绝望的境地，因此，在这之前应避免较大的海战。

在消灭苏联舰队后，重要的是应保障波罗的海海上交通畅通无阻，其中包括通过海上来保障对陆军北翼的补给。

四、各位总司令根据本指令而下达的所有命令必须基调一致，即现在的措施是为防备苏联改变其目前对我态度而采取的预防性措施。参加早期准备工作的军官的人数应尽可能少，其他有关人员则尽可能晚些时间参加，而且每个人的活动应限于其工作范围。否则，就有暴露我们的活动——其实施时间还根本没有确定的危险，从而在政治和军事上产生极为严重的后果。

五、我等候诸位总司令先生报告你们根据这一指令制订的具体计划。

国防军各军种应将各自的准备工作计划（包括时间安排）通过国防军最高统帅部向我报告。

（签字）阿道夫·希特勒

◎ 部署兵力

　　哈尔德宣读完第 21 号指令，接着又宣布了对博克、龙德施泰特、勒布 3 位元帅的任命及其所属部队的战斗序列。巴巴罗萨行动中 3 个集团军群的战斗序列如下：

　　北方集团军群：由冯·勒布元帅指挥，辖第十六、第十八集团军和第四装甲集群，预备队为第三、第三十六步兵师和党卫军"骷髅"师，共计 7 个步兵师和 3 个装甲师。

　　中央集团军群：由冯·博克元帅指挥，辖第四、第九集团军和第二、第三装甲集群，共计 42 个步兵师和 9 个装甲师。

　　南方集团军群：由冯·龙德施泰特元帅指挥，辖第十一、第十七、第六十集团军，第一装甲集群，罗马尼亚第三、第四集团军，卡累利阿集团，芬兰东南集团军，挪威集团军；预备队为第二十二、第七十二、第九十七、第一〇〇步兵师，第十六、第二十五摩托化步兵师，第十三装甲师，党卫军

"阿道夫·希特勒警卫旗队"装甲师，共计52个师，其中包括15个罗马尼亚师、2个匈牙利师、2个意大利师和5个装甲师。

为了实现巴巴罗萨计划，德军最高统帅部预定投入152个德国师和29个罗马尼亚师和芬兰师。在东线集结的德国及其仆从国部队总兵力将达550万。他们将装备47万门火炮、近2800辆坦克、4950架飞机和数万艘舰艇。

哈尔德宣布完任命后，坐回自己的位置上。会议室气氛凝重，3位新任主帅看着地图默默沉思，其他人有的在窃窃私语，却没有人发言。

"我的将军们！"希特勒再次站了起来，会议室立刻回复了安静，"我再重复一遍，三个方向的进攻要快速、果断、毫不留情。中央集群要协助北方集群和南方集群夺取列宁格勒和基辅，待会师后协同攻打莫斯科。博克元帅，你要以最硬的铁拳砸烂苏联这个最重要的交通和国防工业中心。大自然是残酷无情的，因此，我们也必须残酷无情。让我们把所有旧世界的那些道德、怜悯、惯例、规范等伪善的假面具统统扔到一边去吧！我们要按我们的方式去征服世界！我们要隐秘地进行一切准备工作，并且要继续遵守《德苏互不侵犯条约》，保持同苏联的友谊，要尽力制造各种假象去迷惑莫斯科。等他们明白过来的时候，也就是炸弹落在他们头上的时候！"说到此处，希特勒高举双手大笑道："巴巴罗萨，你一定会令全世界大吃一惊的！苏联，将在3～6周内，彻底完蛋！！"

巴巴罗萨行动计划始终处于非常严格的保密状态，因其绝密，只复制了9份文本。其中，1号文本呈报陆军总司令部，2号文本呈报海军总司令部，3号文本呈报空军总司令部，其余6份由德国武装力量最高统帅部存档，锁在最高统帅部参谋部的保险柜中，其中5份（5号至9号文本）归最高统帅部"L"作战部使用。

巴巴罗萨计划的理论基础是"总体战"和"闪电战"巧妙结合。该计划是纳粹德国军事艺术的"最高成就",是在对丹麦、挪威、比利时、荷兰、法国和英国的战争中积累起来的。纳粹德国战略家们在筹划以"闪电般"速度粉碎苏联时,主要基于以下两点考虑:一是苏联制度不稳固;二是苏联红军不堪一击,他们无法抵挡古德里安所向披靡的坦克师和空军第一流的飞机及德国陆军铁拳的密集打击。

巴巴罗萨行动计划是个有着极大风险的计划,其原因可从下列几个数字得到证明:德国总参谋部计划用 153 个德国师在从黑海至巴伦支海,即从南面的伊兹梅尔到北面的佩特萨莫总长大约 3000 公里的正面开始进攻苏联时,要求其部队于 1941 年冬季前向战略纵深推进 2000 多公里。另外,从希特勒及其将领对消灭苏联的时间上则证明了他们是多么地狂妄自大:马尔克斯最先提出需要 9~17 周时间;德军总参谋部预计最多不超过 16 周;陆军总司令布劳希奇稍后认为 6~8 周时间。希特勒在军事会议上更是夸下海口:"苏联将在 3～6 周内,彻底完蛋!!"

1941 年 1 月 31 日,德国陆军总司令部核准了《集结部队的训令》。训令提出,武装力量当前的任务是,打破集结于苏联西部地区红军主力的防线。德军预计进攻的两个主要方向在波列西耶以南和以北地区。波列西耶以北地区的主攻应由一个集团军群实施。

2 月 3 日,希特勒在大本营召集军事会议,对巴巴罗萨计划的一些细节作了修正,同时发布了有关武装部队依照该计划展开的决定。希特勒取消实施为攫取尚未占领的法国领土的"阿蒂拉"计划。同时,为夺取直布罗陀的"费利克斯"战役也相应取消，以便把全部力量都集中到完成对东方战争的准备上。但是，对苏联开始军事行动的时间被希特勒拖延了4~5周，因为希特勒打算先解决掉南斯拉夫和希腊，而占领这些国家就是进攻苏联的序幕。

3月20日，德军第四装甲集群司令官冯·克卢格将军指出，军事训练应该把重点放在磨炼士兵的意志上，使他们更加坚强。他们要更加从容地应对不可避免的近战，并且克服那种对于夜战的反感情绪。在德军眼中，苏军士兵并没有被当成真正的对手，而是被描述成了在近战、夜战以及森林战中狂欢的"野孩子"。从战争一开始，德军的宣传连就起到了不可或缺的作用。他们所拍摄的影像资料、照片以及撰写的报道在第一时间内向德国民众宣传了战争对于他们的意义，并向其报道了德军在东线胜利的消息以及发生在西欧占领区的新闻事件。

4月30日，希特勒把实施巴巴罗萨行动计划的开始时间定在6月22日。希特勒将进攻的日期定为6月22日，颇费了一番脑筋。首先，这一天是周日，苏军仍在执行着和平时期的作息制度，因此这一天只有一些低级人员在值班，大部分官兵都去度周末了。其次，这一天正好是夏至，是一年中白昼最长黑夜最短的一天，这样在战役最初的关键几天里，德军每天差不多可以战斗18个小时。

◎ 秘密调兵

从 5 月份起，希特勒和他的将领们进行了对巴巴罗萨行动计划的最后核定，每一个战役细节都被重新考核。要决定的最后一个问题就是确定总攻发起的具体时间，必须精确到分钟。因为在一条长长的战线上发动进攻，很可能因为行动不统一而过早暴露意图，丧失突然性，如果处理不当，可能会导致几个月来秘密调动和掩护展开的一切努力宣告失败。庞大的部队何时向发起进攻的位置开进，也必须有明确的规定。因为进攻发起线可能距离苏军边境工事只有几十米，只要有几辆装甲车迷途闯入苏军营盘，就有可能泄露整个作战意图，从而引起苏军主力收缩防守，那样的话，突袭的效果必然会大打折扣。

1941 年的春天，德国西部和波兰交界的铁路线上，经常会出现一些稀奇古怪的列车，这些列车不是民用客车，又没有军用列车的标志，除了为加水而作短暂的停留，中途不停靠任何车站。紧闭的铁皮车厢里看不出装的是什么东西，平板车上的装载则全都蒙着厚厚的苫布。这样的列车有时一天多达几十列，自西向东驶向边境。附近的居民不知道这些车上装的是什么，有人说是运往东线的战略物资，有人说是支援波兰的机器设备。直到一次，一列火车在停站加水时，一节车厢也许是为了通通风而把门打开了一道缝，车站上的工人向里面一看，里面竟然装满了德军士兵。

为了调动执行巴巴罗萨行动计划所需部队，德国人早在 1940 年就开始采取了隐蔽的转移行动。希特勒深知，要达成巴巴罗萨计划所要求的隐蔽性和突然性，就必须在外界不知不觉的情况下，将庞大的部队集结到攻击出发地。为此，他尽量延缓大批主力部队的东调。直到 5 月份，预定参加进攻的军团还有很多留在西线，一部分步兵团仍在巴尔干作战，一些基干步兵师在英吉利海峡一侧制造准备登陆英国的假象，大量坦克师和摩托化步兵师留在德国，以免引发苏联人的疑心。直到 5 月 22 日，德军东线只有 70 个步兵师、1 个骑兵师和 3 个坦克师。然而，到了 6 月 22 日（进攻日），就变成了 81 个步兵师、1 个骑兵师、17 个坦克师、15 个摩托化师、9 个警察师和警卫师。在接近地还有担任统帅部预备队的 22 个步兵师、2 个坦克师、2 个摩托化师和 1 个警察师。同时，调集的 3 个航空队共有轰炸机 1300 多架。

希特勒下令调动部队必须使用和平时期的民用列车时刻表，还要伪装成普通货车，调到前线的部队全部保持无线电静默。抵近边境时，部队必须不紧不慢地行进，有时白天隐蔽，晚上行军。

为了进一步隐藏战略动机，希特勒大造即将登陆英国的声势。为此，德国人特别制订了两份对英作战计划：一份代号为"鱼叉"，该计划声称，登陆英国的行动将在 1941 年 8 月展开；另外一份是代号为"鲨鱼"的计划。德国调集了 400 多架轰炸机，不断对英国进行轰炸，给人的感觉是德国空军主力正在全力以赴进攻英国。德国空军的主要指挥员也频频在布鲁塞尔的德国空军司令部里露面，故意给人造成一种假象。

6 月 1 日，德国最高统帅部核准了最后的日程计划，并向各集团军、海军和空军发出了相应的命令。

6 月 6 日，希特勒颁布《驻苏部队行为指南》，其主要内容如下：

1. 布尔什维克主义是国家社会主义德国人民的终极敌人，我们斗争的矛头直指那些对德国而言充满了毁灭性的理论和主张，以及这种论调的忠实信徒。

2. 这场斗争要求我们采取残酷无情的强有力的手段对抗布尔什维克的鼓动者、游击队员、阴谋家、破坏者及犹太人。同时，这场斗争的严峻性要求我们必须消灭一切负隅顽抗的力量。

同一天，希特勒授权总参谋长凯特尔下达了一项"清除政委"的命令。该命令强调指出："苏联军队中从事政治工作的官员，包括政治委员在内，一旦俘虏必须处决。"命令的后面还附加了一段注释："在对抗布尔什维克的斗争中，我们千万不能掉以轻心，不可轻信敌军将会根据人道主义和国际法行事。敌军中的政治官员在战争中对我们使用了极其残忍的手段，所以一旦将其俘虏，必须对他们实施最严厉的惩罚。正因为如此，不论是在战斗中，还是在表现出任何形式的反抗的情况下都必须将这些人立即处死。希望大家遵照如下原则贯彻执行……一旦在战场上将其俘虏，应当立即将其与其他战俘分隔开来……并立即处决。"

这项命令得到了陆军总参谋长哈尔德和德国陆军总司令布劳希奇的认可。然而，德国人还发布了一道良心未泯的声明："陆军的主要任务是行军打仗，没有多余的时间去采取搜查或扫荡行动。未经允许，任何士兵不得擅自行动，必须严格服从上级指挥官的命令。"

在德国陆军内部，不少指挥官对"清除政委"的命令很反感，甚至拒绝传达。他们认为它与军队的宗旨相悖。一位指挥官在向部下宣读这项命令时，周围是死一般的寂静。宣读完毕后，他提醒下属不要忘了《海牙公约》中关于陆地交战的条款以及如何对待战俘的规定。他最后总结道："无论是谁虐待俘虏，并导致其伤亡，我都会把他送上军事法庭。先生们，你们听明白了吗？"

◎ 开打前的狂想

6月11日，在全面进攻苏联的巴巴罗萨行动实施前，信誓旦旦的希特勒便开始部署苏联被消灭后德军在英国、巴尔干、北非以及中东等战场的行动。为此，他授权最高统帅部国防处处长瓦尔利蒙特发布了第32号作战指令，从中可以看出希特勒野心膨胀到了无以复加的程度。

元首兼国防军最高司令 元首大本营

国防军统帅部／国防军指挥参谋部／国防处（作战组）1941年6月11日

1941年第44886号绝密文件

仅传达到军官

第32号指令

一、待完全击败苏联军队后，我们和意大利将在军事上完全控制欧洲大陆。到时，在陆地上对欧洲地区的任何严重威胁都将不复存在；保卫欧洲地区及尚在计划中的进攻作战，使用比现在少得多的陆军部队就足够了；军备生产的重点将转到海军和空军方面。

德法两国日益密切的合作必将牵制英国更多兵力，北非战场后方的威胁将会彻底消除，进一步限制英国舰队在西地中海的机动能力，保卫欧洲战区漫长的西南翼（包括北非和西非的大西洋海岸）免遭英国人的攻击。

不久的将来，西班牙将面临是否参与将英国人赶出直布罗陀的问题。

对土耳其和伊朗施加压力，这可以间接或直接利用这两个国家同英国进行斗争。

二、对苏战争胜利结束后，在1941年晚秋和1941年年底至1942年年初的冬季，国防军可能会有下述战略任务：

1. 管理和保卫新占领的东方地区。在国防军的协助下，充分发挥经济上的作用。

苏联境内究竟需要多少警卫力量，以后才能作出可靠的估计。然而，按照各方面预测，将来要执行的任务，除盟国和友好国家的兵力外，大概再有60个师和1个航空队就足够了。

2. 计划从利比亚经埃及，从保加利亚经土耳其，必要时还可以从外高加索经伊朗，发动猛烈的向心突击，目的是继续削弱英国在地中海和西南亚的地位。

（1）在北非，最紧要的任务是占领托布鲁克，为德意军队继续向苏伊士运河进攻做好准备，计划在11月份继续发动进攻。到时，"非洲军团"在人员和物资方面将达到最佳状态，并拥有足够数量的各种类型的预备队（第五轻装师将改编成为1个齐装满员的装甲师），因此无需再向北非运输大量德国部队。

为了做好进攻的准备工作，应采取各种办法提高运输效率。为此，可借助于法国－北非的港口和尽可能利用希腊南部的新海上航道。

海军的任务：在意大利海军的配合下，采用租借法国和中立国家船只的办法，筹集必要的船只。

下一步要考虑的是将我国的快艇调入地中海的问题。

意大利海军应为改善北非港口的卸货能力提供各种支援。

东线战场一旦腾出手来，空军总司令应为非洲军团调去足够的航空兵部队和高射炮兵部队，利于继续作战；派德军航空兵部队增援意大利的海上护航运输队。

为了统一领导运输工作，"海外补给本土参谋部"已经组建完成。该参谋部根据国防军统帅部的指示与驻意大利军队大本营的德国将军和东南线国防军司令协同开展工作。

（2）英国有可能加强中东的兵力，目的是保卫苏伊士运河，因此我军可考虑从保加利亚经土耳其实施作战，以便能从东面进攻苏伊士运河的英军阵地。

为了达到这一目的，尽快在保加利亚集结强大的兵力，以便在政治上彻底征服土耳其，并以武力粉碎其抵抗。

（3）若苏联的溃败为此创造了有利条件，那么应准备配合第（2）款中所述作战行动，从外高加索派摩托化远征军进军伊拉克。

（4）充分利用阿拉伯的自由运动。如果英军被动乱策源地或起义运动牵制的兵力越多，那么在我军采取较大规模作战行动时，英军在中东的形势就会越困难。准备阶段，为达此目的而采取的各项军事、政治和宣传措施应密切协调。我决定，作为参与制订阿拉伯地区所有计划和措施的中央分支机构的 F 特别参谋部，其驻地设在东南线国防军司令辖区内，一定要给该参谋部配备最优秀的专家和特务。

F 特别参谋部的任务由国防军统帅部参谋长（如涉及政治问题，则应与帝国外交部长协商）下达。

3. 占领直布罗陀，封锁地中海西部通道。

对苏作战进入后期阶段，需要再次为实施"费利克斯"行动做好全面准备。预计到时，没有占领的法国领土就算不能用来运输我军部队，起码也能进行后勤运输。另外，法国的海军和空军部队有可能给予协助。

占领直布罗陀后，可以将保卫海峡的陆军部队派往西班牙属摩洛哥。

法国人负责防守北非和西非的大西洋沿岸，攻取英国属西非领地，收复戴高乐控制的土地。法国人执行任务时，我军可以向其提供必要的增援。控制海峡后，海军和空军则可以方便使用西非基地，必要时可以夺取大西洋诸岛。

4. 对苏战争结束后，除了可能进行上述作战行动以削弱英国在地中海的势力外，海军和空军应全力重新"包围英国"。

为达到上述目的制订的军备计划，优先于其他军备计划。同时，最大限度地提高我防空能力。为对英国实施登陆而进行的准备工作应达到如下双重目的：牵制英国本土兵力；通过登陆彻底摧毁英国。

三、什么时候开始在地中海和近东地区实施作战行动，现在还不能确定。同时，进攻直布罗陀、埃及和巴勒斯坦很可能获得意想不到的作战效果。

我军是否能做到，除了无法预料的因素外，主要取决于空军能否同时投入必要的兵力支援上述 8 个作战行动。

四、请诸位总司令依据上述要求做好思想和组织上的准备工作，并将准备情况及时向我报告，以便在对苏战争期间及时发布正式指令。

（签字）瓦尔利蒙特

6 月 16 日，德国武装力量高级指挥官会议在帝国办公厅举行。各集团军群总司令、海军总司令和空军总司令联合发出关于各部队准备开始战斗行动的通知。

6 月 17 日，德军最高统帅部下达了《关于 6 月 22 日开始执行巴巴罗萨计划的命令》，德军应根据规定的"多特蒙德"信号向苏联发起全面进攻。

6 月 20 日，德军最高统帅部向执行巴巴罗萨行动计划的官兵秘密印发了一则公告。希特勒在公告中称，德国人民从未对苏联人民心怀恶意，"但是 20 年来，莫斯科的犹太布尔什维克统治者，不仅竭力使德国而且使整个欧洲燃起战火。"希特勒还说，他从来没有像克里姆林宫用颠覆的手段试图使欧洲的其他部分转而信仰共产主义那样试图把纳粹思想输入苏联。希特勒在公告中过于简单地欺骗官兵们，甚至有点冷嘲热讽的口气："我的士兵们，你们应该知道，几周之前，在我们东部边境上还没有一个装甲师和机械化师。"

这个具有历史意义的公告的结束语一如既往地煽情：

东方战线的士兵们，此时此刻，世所罕见的如此规模的兵力集结已经完成。与芬兰师联合在一起，我们的同志正和纳尔维克的战胜者（狄特尔）驻守在北冰洋海岸。德国士兵在挪威征服者（法肯霍斯特）的指挥下，芬兰的自由英雄们在自己的元帅（曼纳兴）的指挥下，正在保卫芬兰。在东方战线驻守着你们，在罗马尼亚、在普鲁特河两岸和沿多瑙河直到黑海海滩是团结在罗马尼亚国家元首安东奈斯库手下的德国和罗马尼亚的部队。

如今，这条自古以来最大的前沿阵地已经开始向前推进，这不是为了给永远结束这场伟大战争提供手段，或者为了保卫那些目前参战的国家，而是为了拯救整个欧洲的文明。

德国的士兵们！如此一来，你们就进入了一场严峻而有特殊要求的战斗，因为欧洲的命运、德意志帝国的将来、日耳曼民族的存亡都落在了你们的肩上。

愿上帝在这场伟大的战争中护佑我们！

6月21日13时，德军最高统帅部下令：巴巴罗萨行动的作战口令为"多特蒙德"，发起全面进攻的时间定为6月22日凌晨3时15分。

即将开始的德苏战争，对德国和苏联两国人民均造成了巨大和惨重的灾难。德国方面：包括党卫军在内，共有2415690人阵亡或失踪，3498060人负伤，被俘人数不详；给苏联人民造成的灾难更加严重：1.941亿苏联人民中有3000万男女应征入伍，阵亡或失踪1100万人，670万平民死亡或失踪，大约600万苏联红军官兵成了德军俘虏，他们之中仅有10%的人幸存下来。

第五章
进攻，史所罕见的疯狂进攻

莫洛托夫的广播演说震惊了莫斯科市民，他们万万没有想到，300万德国军队像饥饿的狼群一样正向他们猛扑过来。他们还不知道，大量优秀的红军士兵没来得及拿起枪就被德军的钢铁战车压碎了生命。

◎ 等待，屠刀已经举起

在德国进攻苏联的巴巴罗萨计划中，陆地进攻定在 6 月 22 日凌晨，但是海战早在 10 天前就爆发了。6 月 12 日夜，德国海军布雷舰"坦宁堡号""布卢默号"和"但泽号"在范峡湾和希乌马岛北端布设了"阿波尔达雷区"，在卡拉巴达－格努恩德与帕克罗特之间布设了"科尔贝萨雷区"。德军在布雷过程中，1 架苏军侦察机朝着位于希乌马岛北部海域的"布卢默号"布雷舰开火，打响了德苏战争的第一枪。

6 月 18 日黄昏时分，德国海军布雷舰"普鲁士号""格里尔号""斯卡格拉克号"和"凡尔赛号"满载 3300 枚水雷从波罗的海港口皮劳（笔者注：现名波罗的斯克，属俄罗斯）出发，在厄兰岛与立陶宛－拉脱维亚边境之间布设了"瓦特堡雷区"。汉科是芬兰的港口和海军基地，它控制着进入芬兰湾的重要水道。根据 1939—1940 年冬季战争后签订的协议，汉科割让给苏联使用 30 年。在这里，港口指挥官卡巴诺夫少将采纳了波罗的海舰队司令特里巴茨海军上将的"个人建议",命令海军及军事人员的妻儿老小6000余人乘坐快艇从该港口撤退。

6月19日凌晨3时20分,拉脱维亚轮船"盖斯玛号"在哥得兰岛海域遭到4艘快速鱼雷艇的拦截,它们开始对"盖斯玛号"进行炮击,接着又发射了鱼雷,直到将其炸成两截。4时15分,熊熊燃烧的"盖斯玛号"逐渐沉入海底,轮船信号官发出了最后一条悼文:"'盖斯玛号'遭到鱼雷攻击,正在沉没。再见!"

6月21日,距离巴巴罗萨行动规定发起进攻的时间已经不到12小时了,这也是最紧张的时刻。苏联大使杰卡诺索夫要求紧急会见德国外交部长里宾特洛甫,里宾特洛甫却玩起了失踪。德国外交部工作人员对杰卡诺索夫说里宾特洛甫离开了柏林,到晚上才回来,等他回来再约定会见时间。其实,里宾特洛甫就在希特勒的总理府。

下午,德国海军的一位使馆武官乘火车到达柏林,此人于19日晚上离开莫斯科(他应召回国是对苏联突然从柏林召回他们的武官而作出的反应),他绘声绘色地描述了莫斯科外交界突然发生的恐慌。然而,在乘火车经过波兰回国的时候,他见到的军事活动比前4个月里任何时候都少,当然也比最近他在波罗的海国家看到的少得多。他和他的助手遇上了由穿蓝制服的苏联国家政治保安部的士兵押送的封闭起来的囚车——从东波兰往外遣送波兰的"不良分子"。

此时,德国驻苏联大使舒伦堡还留在莫斯科。里宾特洛甫给他发电报,让他毁掉大使馆的密码簿和无线电设备,并马上会见苏联外交人民委员莫洛托夫。会见时,舒伦堡宣读了一份长长的不知所云的讲稿,他最后说:"鉴于此，元首已命令我军尽一切力量以武力手段勇敢地面对这种威胁。"

二战时期的德国军人

21 时 30 分，杰卡诺索夫会见了里宾特洛甫的国务秘书。他只是递交了一份对德国屡次侵犯苏联领空的正式抗议照会。同时，莫洛托夫也向舒伦堡递交了一份同样的抗议照会，照会于凌晨以电报的形式传到希特勒的总理府，一经宣读便使得全场哄堂大笑："一系列的征兆使我们看出德国政府对苏联政府不满意……"

到了这个时候，莫洛托夫还在发这样的牢骚。这天晚上，希特勒和他的私人官员一直熬到深夜，他的思绪飞到总理府以外遥远的莫斯科。他对副官们说："用不了 3 个月，我就将目击一场世界史上未曾见过的苏联大崩溃！"

与此同时，在德军南方集团军群第三装甲军摩托化步兵旅的最后集结地，这是第一装甲集群的主力部队，在即将开始的进攻中担负着插入苏军心脏的任务。在严密的灯火管制下，一支钢铁部队正在向发起总攻的最后阵地开进。微微轰鸣的战车只能打开尾灯以便给后面的战车指示方向，走在最前面的侦察指挥车寻找着早已做好的道路标记。接近苏联边境了，远远地已经看见苏军岗哨的灯火了。

到达攻击阵地，侦察指挥车停住了，整条长龙渐渐安静下来，熄灭一切灯光。口令传了下来："原地休息！"一些老兵想着将要发生的战斗，平静不下来。一些年轻的战士经过一天的劳碌，抱着枪，靠着装甲输送车冰凉的车帮睡着了。只待进攻时间一到，这些沉睡着的士兵就会变成一具具喷射着火舌的杀人机器，扑向苏联的辽阔大地。

6月22日凌晨3点，德军南方集团军群第三装甲军摩托化步兵旅二营进入位于波兰境内布格河西岸的攻击阵地，几十辆坦克一字排开。坦克纵队的后面，是半轮半履带的装甲输送车，车顶上的机枪挂上了长长的子弹带，机枪手悄悄打开了机枪的保险。过了一会儿，机枪手觉得时间还早，怕保险引起走火，便又将保险锁死，已经这样重复了好几次。步兵们都坐在输送车的车厢里，新兵紧握冲锋枪，忍不住一遍遍地透过观察孔向外张望，竖起耳朵听着有没有开火的声音。经历过闪击波兰或是法国战争的老兵则沉稳地坐着，微微闭着眼睛。

二营营长坐在坦克指挥车内握着报话器的手微微有些出汗，施罗特失踪的事还在困扰着他。他已经无数次地祈祷上帝，让那个家伙在树林里走失，就算当个逃兵也好，千万不要被苏联人抓了"舌头"，或是自己叛逃了过去。他在下午听到上级军官们说，友邻旅上午一名战士失踪了，而且有人说看到他向边境线跑了。该旅的旅长受到了严厉的批评，很可能在战役结束后受到处罚。他庆幸自己没有主动将施罗特失踪的事汇报上去。

营长看了看表，距离发起攻击的时间只有 15 分钟了。让这一刻赶快到来吧，一旦开战，他就可以将施罗特放进失踪名单里，施罗特的消失给这即将到来的偷袭蒙上了一层阴影。

营长将身子探出车外，回头看看。指挥车身后，40 余辆新型坦克安静地趴在路上，这是他们旅的骄傲，也是帝国装甲军的骄傲。他知道，只要战斗一开始，新型坦克强大的火力和坚硬的防护会让苏联人吃尽苦头。在混成的摩托化步兵旅中指挥坦克营，绝对是风光八面的事，他们拥有全旅最强大的火力，也是全旅机动性最强的力量，经常被当作尖刀用在突击阵形的最前面。"一会要看我们的。"营长暗下决心。确实，从波兰到法国，营长指挥着他麾下的坦克横扫了欧洲。在那些战场上，他们从来没有碰到过敌手。

灰蓝色坦克里死一般地寂静，士兵们的心跳随着秒针的晃动而加剧：3 分钟，还剩 3 分钟就要开始了！

"炮弹上膛！"装填手哈特立刻用娴熟的动作，装好第一发炮弹。哈特悄悄地挽了挽袖子，眼睛紧紧地盯着车长，等待着车长一声令下，坦克飞速地冲出阵地。

倒计时 2 分钟。

哈特在等待，营长也在等待。

同一时刻，从里海尽头到黑海沿岸近 3000 公里战线上的 300 万德国士兵都在等待。

◎ 战争真的爆发了

1941 年 6 月 22 日凌晨 3 时 15 分，漫长的战线上，上万门火炮同时吼叫起来。二营背后的炮群也准时开始了猛烈的射击。士兵们抬起头，看着火光闪烁的奇景，几百条火龙从背后很远的地方铺天盖地地飞速卷来，照亮了黑漆漆的夜空。紧接着，呼啸声仿佛从耳边滑过，然后在前方的远处，响起闷雷般的声音。他们感到脚下的土地在颤抖，仿佛整个地球都在颤动。炮火准备过去了，炮兵火力开始延伸。

二营的坦克迅速出击，扑向预定的目标。仅仅 5 分钟，它们就闪电般地越过边境，坦克炮火立刻将残存的岗哨夷为平地。10 分钟后到达苏联边防军的营地，这里已经被炮火摧毁，坦克上的机枪手一个个疯狂射击着苏联红军士兵。30 分钟后，德国的先头坦克纵队毫无阻碍地到达了预定抢占的目标——河上的一座桥梁，几乎没有遭到什么抵抗就消灭了守军，攻占了桥梁。紧接着，一辆辆装甲输送车、卡车、摩托车载着德军士兵向乌克兰境内纵深猛扑。

　　勒布元帅命令德军北方集团军群分别从各个方向向前疾速推进。曼施坦因的第五十六装甲军集结在米美尔河以北的森林中，第四装甲集群司令克卢格分配给曼施坦因的空间极为有限，所以曼施坦因只能命令第八装甲师和第二九〇步兵师向苏军边界阵地实施定向突击，而第三摩托化步兵师则暂时留在米美尔河以南。

曼施坦因

　　经过一番空袭和猛烈的炮火后，曼施坦因命令第五十六装甲军发起冲击，只遇到了轻微抵抗。但是，不久就为苏军构筑良好的碉堡群所阻挡，残存的反坦克火力迟滞了德军装甲部队推进的速度。直到中午 12 时，第八装甲师才在米美尔河以北通过了碉堡封锁线。正当曼施坦因的坦克集群准备冲出丛林地带夺取公路时，几个通信兵突然跑到他的指挥车前："报告军长，前面树林里发现了好几具我军士兵的尸体。"

　　曼施坦因感到很奇怪，这里并没有发生战斗，难道是先头部队遭到了敌人的伏击？他马上派军部参谋去查看一下是哪支部队的士兵。参谋人员查看了这些士兵身上佩带的番号，然后向他们的军长报告说，从尸体上的番号来看，是一支德军边境巡逻队，在战斗开始时被苏军俘获，全体人员被杀死，尸体被残酷地肢解，现场非常恐怖。

曼施坦因默默地走过去看了一下，命令士兵掩埋了这些同胞。曼施坦因不由得怒火中烧："我们没有执行清除政治委员的命令，就是因为恪守军人的道德，可是苏联人竟然以这种手段对待我们的士兵。"他越想越气，命令部队不惜一切代价全速前进。

曼施坦因遇到一些刚刚从前线运回来的德国伤兵。这些伤兵愤愤不平地向曼施坦因报告说，他们遇到举手"投降"的苏军士兵，可等到德军士兵满心欢喜地前去受降时，这些"投降"的苏军士兵就会突然开枪。还有一些苏军伤兵会倒在地上装死，等德军走过之后，再从背后向他们开枪。曼施坦因发觉，这场战争的残酷性已经超出了他的想象，这不像在波兰或法国作战，那里的抵抗显得那样软弱无力缺乏决心，而这些苏军士兵仿佛不知死为何物，他们一心想的是如何消灭敌人。曼施坦因从来没有怀疑过他将取得胜利，只是这一次，他发现，胜利的代价将是空前巨大的。

同一时刻，在乌克兰小镇布罗德，当苏军基辅特别军区司令部作战部部长巴格拉米扬回到纵队先头，正准备发出"前进"的信号时，布罗德上空突然传来了轰隆隆的响声，大家抬头注视着天空。他不明白为什么飞行员这么早就开始飞行，突然传来了一声声巨响，大地在脚下颤动。随后，布罗德后面升起了团团浓烟。老练的汽车司机看出是油库着火了。大家都惊呆了，心中在想："难道战争真的爆发了？"

当巴格拉米扬看见机翼涂有黑色"卐"的飞机后，心里顿时明白了。几十架德军俯冲轰炸机在布罗德机场上空横冲直撞。这些投完了炸弹的飞机，正在他们头顶上转弯。有 3 架德军轰炸机离开编队向车队冲来。人们迅速散开，卧倒在路边沟里，只有几个司机顽强地驾驶着汽车。德军飞机 2 次超低空掠过纵队，并用机枪进行扫射。空袭过后，巴格拉米扬查明总共有 2 人受伤，吩咐对他们进行必要的救护，继续上路。

毫无疑问，战争爆发了。战火已经烧到国土，可是目前的局势究竟怎样，巴格拉米扬一点儿头绪也没有。当时大部分苏军掩护兵团分散在距边境线很远的地方，第二梯队距这里 250 ~ 300 公里。一旦顶不住德军的攻势，第二梯队的全部动员就要受到破坏，它们进入交战时仍将处于现在这种有生力量和技术装备严重缺额的状况。所有这一切，只有到了军区新驻地塔尔波诺尔才能弄明白。

22 日 3 时 30 分，苏军总参谋长朱可夫已经料到战争爆发了。他在 20 分钟前接到黑海舰队司令奥克佳布里斯基海军上将的电话，向他报告有大量来历不明的飞机正向海岸接近。朱可夫果断下达了以舰队火力阻截敌机的命令。毫无疑问，希特勒的空袭开始了，而这正是大规模地面进攻的前奏。朱可夫想着刚刚下发到各个军区的命令，他希望各军区的司令员能从中读出他的真实意图，不要拘泥于"挑衅""不受干扰"这些词汇。朱可夫预感到，现在不论进行多么积极的准备，以短短几个小时的时间来应付德军蓄谋已久的突然袭击肯定是不够的，初期将有可能非常被动。未来几个月，苏军的命运，朱可夫看得一清二楚，想到这里，不禁长长叹了口气。

就在这个时候，西部军区参谋长克利莫夫斯基打来电话报告，德军飞机空袭了白俄罗斯的城市。3分钟后，基辅军区参谋长普尔卡耶夫在电报中报告，德军飞机空袭了乌克兰的城市。又过了几分钟，波罗的海沿岸军区司令员库兹涅佐夫报告，德军飞机空袭了考纳斯和其他城市。朱可夫和铁木辛哥简单地交换了一下意见，决定立刻向斯大林报告。

◎ 命令无法执行

朱可夫打电话到克里姆林宫，却没有人接。后来，终于要通了，一位保卫部值班将军睡意蒙眬地问："哪里？"

"我是朱可夫，请你立即去请斯大林同志来接电话！"

"什么？现在？斯大林同志正在睡觉。"电话中传来惊奇的声音。

"十万火急，德国人轰炸我们的城市了！"一阵沉默过后，电话里传来，"请等一等。"

那位值班将军放下电话后，向斯大林报告："朱可夫同志有急事找您。"

斯大林走到电话机旁，轻轻拿起听筒。

朱可夫简单地报告了德军飞机空袭基辅、明斯克、塞瓦斯托波尔、维尔纽斯以及其他城市的情况。报告之后，电话那头沉默不语，朱可夫便轻轻地问："斯大林同志，斯大林同志？"

电话里传来了急促的呼吸声，可还是没有听到以往斯大林那坚定有力的声音。这件事太突然了，让斯大林措手不及，希特勒不宣而战，搞了个突然袭击，这太违背他的意愿、意志和信心了。这时，斯大林的头脑中突然浮现出希特勒在他60岁寿辰那天发来的贺电："斯大林先生，在您60寿辰之际，请接受我最衷心的祝贺，并为此表达我最良好的祝愿。祝您健康长寿，祝友好的苏联各族人民前程似锦……"

电话中仍然没有传来斯大林的声音，朱可夫忍不住又问了一句："斯大林同志，您在听吗？"

斯大林定了定神，问道："国防人民委员铁木辛哥元帅在哪里？"

"在跟基辅军区通电话。"朱可夫坚定地说。

斯大林说："你和铁木辛哥同志到我这里一趟。同时告诉波斯克列贝舍夫同志一声，让他召集全体政治局委员开会。"

22日凌晨4时30分，朱可夫和铁木辛哥来到斯大林办公室的时候，看到全体政治局委员已经到齐。斯大林双眉紧锁，坐在桌旁，手里没有点燃的烟斗。他说："应该立即给德国使馆打个电话。"使馆答复，德国大使舒伦堡要求接见，说是带来了紧急通知。斯大林让莫洛托夫代表政府去接见舒伦堡。

时间不长，莫洛托夫匆匆回到会议室，环顾在座的政治局委员，用沙哑无力的嗓音挤出一句话："德国政府已经向我国宣战。"莫洛托夫接着说："希特勒找了一个冠冕堂皇的借口：德国决定预先防止苏军正在准备的进攻……"

斯大林看了莫洛托夫一眼，他想起来了，就在半年前也是在这间屋子里，莫洛托夫从柏林访问回来后，信心十足地报告："希特勒在同英国及其盟国的斗争中寻求我们的支持。应当等待他们的对抗尖锐化。希特勒坐卧不安……有一点是清楚的，他不能同时在两条战线上作战了。我想我们有时间来巩固西部的边防线，不过要分外小心，因为我们是在和一个冒险分子打交道……"他看了一眼莫洛托夫，仿佛是自言自语："我们有时间……"

斯大林心头的不安越来越强烈，他感到，自己被希特勒欺骗了。也许，这是他多年来第一次感到不知所措和信心不足。他不想让他的战友看出他的软弱，大家都在等待他的看法和吩咐。过了一会儿，铁木辛哥元帅打破了沉默："斯大林同志，现在是不是应该向大家汇报一下目前的局势？"

在征得斯大林同意后，苏军第一副总参谋长瓦杜丁走了进来，他简要地报告了一下局势，其中没有多少新消息：在猛烈的炮轰和空袭之后，德军的大部队在西北方面和西面的许多地区侵入了苏联领土。许多边防小队在第一次战斗中就遇到了庞大的德国战争机器，他们牺牲了，但没有放弃阵地。敌人的空军在不断地轰炸各个机场。由于很多地方和部队都失去了通信联系，总参谋部也没办法掌握更多其他的具体材料。

瓦杜丁报告结束后，会场陷入了可怕的沉默。经过长时间的沉默后，朱可夫首先发言，建议立即下令各边境军区所有兵力猛烈还击入侵的德军，制止德军继续前进。

"不是制止，而是歼灭。"铁木辛哥补充道。

斯大林无力地说："下命令吧。"

22 日 6 时，德军北方集团军群第十六集团军各部已经突入苏联纵深 3~12 公里，第四装甲集群向前推进了 12 公里。其间，尽管第十八集团军下属的第二九一步兵师被困在克雷廷加进行逐屋激战，但是第六十一步兵师还是控制了加尔格日代附近的桥梁。

德国空军通过侦察活动，进一步摸清了苏军在陶格夫匹尔斯和雅各布斯塔德之间的道加瓦河沿岸的防御工事。德军侦察机在道加瓦河南部、希奥利艾西南和里加以南区域发现了苏联车队。在随后展开的对地攻击中，40辆苏联卡车在希奥利艾附近被德军战机摧毁。正在调动的苏军第四十八步兵师由于缺乏炮火和空中掩护，遭到德国空军的重创，随后又遭到德军第三装甲师的袭击，不得不仓皇溃退。但是，苏军士兵的勇敢顽强给德军留下了深刻的印象，他们中很多人都拼命搏斗。当时，一股增援第一二六步兵师四二二步兵团二营的德军部队向北行进，一个埋伏在玉米地中的苏军机枪组首先放过了敌人的先头部队，在其主力部队经过时开枪射击，给德军造成了严重的伤亡。德军消耗了1个连的兵力，花了3个小时才消灭了这个苏军机枪组。

几乎在同一时刻，德军中央集团军群在博克元帅指挥下以40个师的兵力对苏军发起猛攻。北路的第三装甲集群同北方集团军群的第四装甲集群从东普鲁士攻入立陶宛，渡过涅曼河，对苏军西方面军右翼的第三集团军构成包围之势。

而德军南方集团军群57个师又13个旅在龙德施泰特元帅的指挥下也不甘落后，在东南部向苏联的乌克兰、基辅一线挺进。第一装甲集群对苏军第五、第六集团军的接合部实施突击，打开了一个宽达50公里的缺口。苏军西南方面军中路和左翼的各集团军面临被德军深入后包围的危险。

为了肃清突入之敌，苏军基辅特别军区司令员基尔波诺斯下令第四、第八、第九、第十五、第十九、第二十二机械化军和第三十一、第三十六、第三十七步兵军实施反突击。但是，要使几个机械化军集中起来实施集中突击难度太大了，第四、第二十二、第十五机械化军已在战争一开始便投入了战斗，而第八、第九、第十九机械化军需要行军200～400公里方能到位。从6

月 23 日至 29 日，苏德两军在卢茨克、腊迪霍夫、布罗迪、罗夫诺地域展开了一场战争初期规模最大的坦克遭遇战。苏军的反突击迟滞并重创了德军，粉碎了德军在利沃夫突出部合围西南方面军主力及迅速突入基辅的计划。然而，苏军因缺乏统一指挥，诸军兵种未能组织好协同动作，反突击失利。随后德军变更了部署，投入精锐兵团，突破了苏军在接合部的抵抗。

22 日 7 时 15 分，朱可夫和铁木辛哥草拟好第 2 号命令，经斯大林审核同意后，铁木辛哥以苏联国防军事委员会的名义签发了一项命令。2 号命令的主要内容如下：

1941 年 6 月 22 日凌晨 4 时，德国航空兵毫无理由地袭击了我国界沿线的机场和城市，对其进行了轰炸。同时，德军在各地开始炮击，并越过我国国界。

鉴于德军空前厚颜无耻地进犯苏联，我命令：

1. 集结所有兵力向敌军发动猛攻，并将其消灭在侵犯苏联国界的地域。未接到特别命令，地面部队不得越过边界。

2. 侦察航空兵和战斗航空兵察明德军航空兵集中地点和地面军队部署。轰炸航空兵实施猛烈突击消灭德军机场上的飞机，轰炸其地面军队基本集团。航空兵对德国领土的突击纵深为 100 ～ 150 公里，轰炸柯尼斯堡和梅梅尔。未接到特别指示不得空袭芬兰和罗马尼亚领土。

此时，苏联边境线早已被德国的装甲部队全面突破。苏军航空兵损失飞机 1200 余架，其中 800 多架来不及起飞便被炸毁在跑道上。苏军许多地面部队是在德军轰炸和炮击以后才能紧急动员起来。一些部队还没到达指定区域，便遭遇了德军坦克集群，被迫在行进中投入战斗。由于通信设施遭到德军破坏，苏军各军区和各集团军没能迅速接到命令，而且接到命令的部队也无法按照命令去执行。苏军在德军的突然袭击下，陷入一片混乱。这种情况下，第 2 号命令根本就没法得到执行。

◎ 令人震惊的广播

6月22日9时，朱可夫与铁木辛哥去斯大林那里汇报苏联最高苏维埃主席团关于实行全国动员和成立统帅部的命令草稿以及其他一些问题。短短12个小时之内，朱可夫已经3次进出这个地方了。这时，政治局全体委员都在那里等着听取汇报。

铁木辛哥报告了关于成立统帅部的草案。斯大林看了看，放在桌上，说："政治局讨论一下。"斯大林又把实行动员的命令草稿看了一遍，对朱可夫提出的动员范围做了一些压缩，然后把命令草稿交给波斯克列贝舍夫送最高苏维埃主席团批准。命令指出，对1905年至1918年出生的有服兵役义务的人实行动员，并在苏联的欧洲部分实行军事管制。

每个人都审阅了朱可夫和铁木辛哥的报告。大家陷入了沉默，是在等待斯大林说话，但是斯大林把沉默的背影留给了在座的各位。

过了很长时间，最高苏维埃主席团主席加里宁开口说道："在发布全国动员令的同时，我们应该通过广播和报纸的方式，将战争已经开始的情况公告全国人民，必须让人民群众知道国家目前的处境，并且动员他们勇敢地面对战争，武装起来保卫祖国。"

斯大林抬起头，说道："当然要这样，这是必须的。"然后，他就什么也不说了。大家在等着他下命令。加里宁问："那么由谁来起草并宣读这份公告呢？"斯大林说："您来拟个稿子，大家讨论一下。"

苏共中央政治局的委员们早已习惯了在这种重大时刻听从斯大林的主张，由斯大林作为党和政府的领袖代表大家承担重任。

米高扬站起来说："在这种时刻，我认为应该由党的总书记亲自发动对全国人民的号召。"

斯大林立刻打断了他，几乎想都没想地拒绝道："不，当下前线状况尚不清楚的情况下，我向人民群众作出这样的号召是不合适的。"

此时的斯大林确实不能站出来发表这个公告，因为他目前根本不知道前线发生了什么，不知道可能的失败会不会对他在党内和人民群众中的威信造成影响。这个时候站出来，风险实在是太大了。斯大林暗暗盘算，红军已经做好了应战的准备，人民也将动员起来，也许很快局势就会明朗，也许几天，也许一两个星期就会有重大的胜利，到那时再向全国人民发布红军狠狠地打击了侵略者的消息应该更好一些。

这时，莫洛托夫用沙哑的嗓音慢慢地说："那就由我来播发这一公告吧！"他从得知战争开始的那一时刻起，就在心里进行着严厉的自责。半年前，他信誓旦旦地对斯大林保证，希特勒在结束对英作战之前不会进攻苏联。他从斯大林对他说话的态度和看他的眼神里，感到了斯大林的怨恨。既然没有退路，不如干脆承担责任。

22 日中午 12 时整，苏联外交人民委员莫洛托夫略显沙哑的嗓音飘荡在莫斯科的红场及街头：

今天，就在今天，凌晨 4 时，法西斯德国的军队不宣而战，对我国的边防线发动了突然袭击。德国人从许多地方侵入了我们国境，还派出飞机轰炸了我们的城市，我们伟大的人民已经不是第一次面对凶残的敌人了。我们的英勇的人民用卫国战争回敬了拿破仑的进攻并将其击败。如今，我们又要面对凶残的法西斯分子的野蛮入侵。我们英勇的红军和全体人民一定要把保卫祖国、保卫幸福、保卫自由的卫国战争进行到底。我们的事业是正义的，敌人必败，胜利一定属于我们！

莫洛托夫的广播演说震惊了莫斯科市民，他们万万没有想到，300 万德国军队像饥饿的狼群一样正向他们猛扑过来。他们还不知道，大量优秀的红军士兵没来得及拿起枪就被德军的钢铁战车压碎了生命。但是他们知道，今后的生活会发生一些变化，要时刻准备着为了祖国而献出生命，或是献出自己的亲人、孩子。

就在莫洛托夫对莫斯科市民发表抵抗德军入侵广播的同一时刻，曼施坦因正率领他的装甲部队加速挺进。这位希特勒入侵法国的第一功臣有着过人的军事才能和充沛的精力，他用过午餐后，即刻命令手下摊开随身携带的作战地图，指着苏联境内的一条弯弯曲曲的蓝色曲线，语气坚定地说："第五十六装甲军想力拔头筹，抢在其他部队前占领维拉河渡口，就一定要通过杜比沙河上的艾罗果拉渡口，这里距离边境约 80 公里，进攻的第 1 天必须出其不意地占领这个地方。"

莫洛托夫广播演说

曼施坦因告诉身边的军官："这里对我来说是再熟悉不过了，因为在一战中，我就在这里与沙俄军队交过手。我担心的是，河对岸的陡坡坡度太大，我们现有的装甲车辆可能爬不上去。如果苏军发现了我们的意图，事先把这里的大桥炸掉，在河对岸的陡坡上建筑起防御工事，那么我们的坦克部队将无法前进。进攻一开始，苏军一旦搞清情况就有可能在桥上埋设炸药，所以留给我们的时间很少。"

曼施坦因命令第八装甲师加快速度，一定要趁苏军缓过劲儿来之前，拿下艾罗果拉渡口，最迟不能超过 6 月 22 日日落之前。在这段时间里，军部将跟第八装甲师在一起。

22 日下午，斯大林突然给朱可夫打电话："我们各个方面军司令员缺乏足够的作战指挥经验，面对突如其来的战争有点惊慌失措。为此，政治局决定派你到西南方面军担任统帅部代表，还准备派沙波什尼科夫同志和库利克同志去西方面军。你需要马上飞往基辅，会同赫鲁晓夫同志到基尔波诺斯同志的方面军司令部去。"

朱可夫听完后稍作迟疑："目前这样复杂的形势下，总参谋部的工作谁来负责呢？"

斯大林说："就让瓦杜丁负责吧。你抓紧时间，我们这里还可以应付。"

朱可夫前脚离开，苏军总参谋部就在斯大林的直接领导下拟定了第 3 号命令，该命令仍然是对前线局势完全不明的情况下盲目作出的。瓦杜丁通过电话将这一命令告知朱可夫，并说："这一命令要求我军转入反攻，粉碎主要方向上的德军，并向德国领土挺进。"

朱可夫建议："我们还不能确切地知道德军在什么地方以多少兵力实施突然袭击。等把前线发生的情况搞清楚了，再下决心是不是更好些呢？"

瓦杜丁无奈地说："我同意你的看法，可是最高统帅部已经决定了！"

朱可夫不由得有点寒心，无奈地说："那好吧，替我签上名字吧。"

◎ 中了圈套

6 月 22 日黄昏时分，曼施坦因亲自指挥第八装甲师在突破苏军的边界阵地和清除了防御纵深的零星抵抗后，终于占领了艾罗果拉渡口。曼施坦因不敢怠慢，命令徒步行军的第二九〇步兵师加快速度，紧跟在第八装甲师之后。同时，第三摩托化步兵师也在中午时分开始渡过了米美尔河，进入苏联境内。

22 日 21 时 15 分，苏军铁木辛哥元帅根据所谓"敌人已被击退"的战况报告，发布了第 3 号命令。命令以电报的形式下发到各个军区和部队。命令开头指出，德军正向弗拉基米尔—沃伦斯基和拉泽胡夫，也就是说正在向第五集团军中央和左翼实施主要突击。命令说，德军仅仅在这些方向以巨大损失为代价取得了很小的战果，而在苏德和苏罗边界的其他地段，入侵者的冲击均被打退，使其遭到了很大损失。命令还指出："西北及西方面军应采取集中突击的方法，包围并歼灭敌苏瓦乌基集团，至 24 日黄昏占领苏瓦乌基地区。"

命令对西南方面军的要求是："坚守苏匈边界，以第五、第六集团军至少5 个机械化军和方面军全部航空兵向卢布林总方向实施集中突击，合围并消灭弗拉基米尔—沃伦斯基至克雷斯特诺波尔正面进攻的敌军集团，6 月 24 日日终前攻占卢布林地域……"

斯大林命令："在从波罗的海直至与匈牙利接壤的国境线上，我允许越过国境线以及不受国境线限制的行动。"一句话中 3 次出现"国境线"，这样啰唆、别扭的措辞显示出了斯大林的慌张和焦躁。

这是一条不切合实际的武断的命令，如果说它发生过一点作用的话，那就只能说是使苏联混乱的民心得到了些许安慰。接到命令的军区和集团军司令员们不仅不知道敌人在哪里，有多少兵力，同时对于自己麾下的部队处在一种什么样的状态，甚至于它们是否还存在都一概不知。由于通信设施遭到破坏，许多命令根本无法传达下去，而传达的命令很多也因为情况的变化而无法贯彻。

依据第 3 号命令，苏军正中德军的圈套。早在巴巴罗萨计划的雏形——"弗里茨"计划中，冯·洛斯堡就对苏军受到进攻前后可能作出的反应做出 3 种推断：1. 德军刚开始展开时就主动出击；2. 在两翼坚守波罗的海和黑海沿岸阵地的同时，在中央边界附近的展开地域迎击德军进攻；3. 主动撤至纵深地带，而后对战线拉长和补给困难的德军实施反击。

希特勒认为第 2 种推断对德军最为有利，可以使德军中央集团军群主力合围出击的苏军主力，以求大规模歼敌，然后迅速向纵深挺进。第 3 种推断对德军最为不利，虽然初期进军阻力不大，但是苏联保护了部队主力，使得德军必须在苏联领土纵深、补给困难的情况下展开主力决战。显然，苏军最高统帅部的第 3 号命令刚好就是第 2 种判断的行动。第 3 号命令给苏军部队造成的直接影响就是指挥的混乱和朝令夕改，司令部不断发出新的命令，其中很多根本无法执行，很多命令在尚未执行时，又被撤销或改变，有时互相矛盾，简直像是自己抽自己的嘴巴。苏军西南方面军第八机械化军军长里亚贝舍夫在回忆录中这样描述了他在接到命令后部队的情况：

一直到 22 日 10 时，我才收到第二十六集团军司令员的命令，让我部集结于桑博尔市以西……行军 80 公里后，于当天的 23 时抵达指定集结地区。22 时 30 分突然接到新的命令：23 日 12 时前，我部应抵达利沃夫以东 25 公里处。22 日下午，已划归第六集团军的我部只得奉命开赴亚沃罗夫地区……23 时，西南方面军司令员的命令又给我们提出了新任务：开赴布罗德地区，26 日早晨在别列斯捷奇科方向对敌人发动突袭。之前，我部一天半行军 300 公里……6 月 25 日，我部抵达布罗德。次日清晨按时转入进攻，并取得了局部胜利，不过总体来说没有完成任务。我们的燃料用完了，空中只有德军飞机。27 日 4 时，我部收到新命令：全军后撤，作为方面军的预备队。于是，我们奉命开始后撤。6 时 40 分又来了新命令：向布罗德－杜布诺方向的敌人发动突击。然而，部队已经开始后撤。10 时，西南方面军军事委员、军级政委瓦舒金来到我的指挥所。他以枪决相威胁，要求我必须执行命令，不过部队已被包围。后来查明，方面军司令部原定的进攻已经取消了……

◎ 战情分析

6月22日晚，苏联西南方面军司令部（之前称"基辅特别军区"）作战部长巴格拉米扬上校收到了最高统帅部发来的对德军进行反击的命令。巴格拉米扬倒吸了一口凉气，这样的任务根本无法完成，但是没有思考的时间了。巴格拉米扬抓起文件朝方面军参谋部跑去。

当巴格拉米扬开始向参谋长普尔卡耶夫宣读电报时，普尔卡耶夫以明显不信任的眼神看了他一眼，然后一把夺去了电文，反复看了好几遍。两人迅速交换了意见，他们的意见是一致的：进攻为时尚早。普尔卡耶夫和巴格拉米扬一起向方面军司令员基尔波诺斯那里走去。

"我们该怎么办，基尔波诺斯同志？"普尔卡耶夫一进门便问道，"我们能在边界上顶住敌人并且在防御战斗中把它打散就谢天谢地了，可是现在却要求我们后天夺取卢布林！"

基尔波诺斯没有急于作结论，只是默默地拿过文件，仔细读完，然后拿起电话听筒:"瓦舒金同志,请到我这儿来一下。"

苏军西南方面军司令部军事委员会委员瓦舒金很快就到了。基尔波诺斯把命令递给他。瓦舒金很快看了一遍,往沙发椅背上一靠:"我们有什么办法,收到命令只能执行了。"

"话虽这么说,"普尔卡耶夫说,"但我们现在还没有做好准备。我们暂时只能考虑防御,而不是进攻。"普尔卡耶夫以坚决的口气继续说:"我们冷静地分析一下态势,仅在卢茨克方向柳博姆利和索卡利之间的地带就有敌人10个步兵师和坦克师,我们怎么才能挡住它们呢?我们知道,我们的步兵第四十五、第六十二、第八十七、第一二四师在这里只能展开2个团。明天,在这一地域最多也只有步兵第一三五师和机械化第二十二军的2个师,而且该军最有战斗力的第四十一坦克师还未赶到。因此,明天我们在这一方向上最多不到7个师,如何去对付敌人10个师的兵力?"

瓦舒金试图说几句,但普尔卡耶夫没给他插话的机会:"况且我们应该料到,德军今天只是投入了第一梯队兵力,以后肯定会增强兵力,而且比我们迅速得多。你们看,仅在这里,乌斯季卢格西北,我们的侦察部队在16时就发现了德军200多辆坦克正在集结,而这还不是敌人坦克预备队的唯一地域。"

瓦舒金利用普尔卡耶夫察看地图的机会,有点不耐烦地问:"普尔卡耶夫同志,你说完了吗?"

"没说完,"普尔卡耶夫双眼盯着地图,继续说:"我军由纵深向第五集团军地带推进的所有第2梯队,距边界远近不一:步兵第三十一、第三十六军需要走150～200公里。考虑到步兵是徒步行进,走完这段距离至少需要5

到 6 个昼夜。机械化第九、第十九军最早要过 3 ~ 4 个昼夜才能向德军主要突击集团发起进攻。只有机械化第四、第八、第十五军有可能在一两天后向交战地域变更部署。这还不能不考虑到，军队向边界行进时会遭到德军航空兵不间断的密集突击。不难设想，这种状况将会使军队变更部署和进入交战变得复杂化。应该清楚，目前我们实际上既没有集团军后勤，也没有方面军后勤，因为尚未对它们进行充分动员和展开。结果是，我们的主力不可能同时到达交战地点。各军显然将依次进入交战地点，因为它们将要从行进间与向东突进的德军遭遇。这样就会在对我最不利的条件下发生遭遇战，这对我们有怎样的威胁，现在还不好说，但是我们当前的处境肯定是很严重的。"

随着普尔卡耶夫说的每一句话，基尔波诺斯的神色越来越阴郁，瓦舒金也不再打断参谋长的话了。

普尔卡耶夫继续分析道："我们只有向统帅部如实报告当前的情况，并坚决请求改变任务，司令员同志。现在我们只能以顽强的战斗迟滞敌人推进，同时以组成第 2 梯队的各步兵军和机械化军在方面军行动地带纵深沿科罗斯坚、沃伦斯基新城、舍佩托夫卡、旧康斯坦丁诺夫、普罗斯库罗夫等筑垒地域一线组织坚固的防御。将敌人阻于该地区之后，我们就争取到了准备总反攻的时间。待掩护部队退至筑垒地域线后面之后，我们再用作预备队。就当前的形势来看，我认为这是唯一明智的决定。"

普尔卡耶夫不再说话了，会场顿时陷入了沉默。

瓦舒金打破沉默："参谋长同志，你所说的一切，从军事上来看，可能是正确的，但是在政治上，我看是完全错误的！你考虑问题像个大军事家，却没考虑过精神因素。想想看，假如我们这些教育红军具有高度进攻精神的人从战争最初几天就转入消极防御，不加抵抗地把主动权拱手让给侵略者，那将造成多大的精神损失，而你还建议将德军放入苏联腹地。普尔卡耶夫同志，你是我们的战友，假如我不知道你是一个久经考验的布尔什维克的话，我会怀疑你被敌人吓破了胆。"

瓦舒金最后用温和的口气说："请原谅，我的参谋长同志，我无意让你受委屈，只是不想隐瞒我的想法。"

瓦舒金说完后，又是一阵沉默。

最后，司令员基尔波诺斯说："我认为你们俩说得都对。普尔卡耶夫同志，你的分析在作战方面没有什么可反驳的，只有一处弱点：旧筑垒地域没有做好接收军队的准备，不能向军队提供顺利实施防御的有利条件，但是第 2 梯队部队在工兵帮助下，可以迅速令这些筑垒地域做好战斗准备……"

基尔波诺斯没有回答普尔卡耶夫的反驳，用平静的语气继续说："但是，从另一方面来说，瓦舒金同志的逻辑和意见也不是多余的。命令总是命令，它是需要执行的。如果每一个司令员接到战斗命令后，不是无条件地执行而是提出自己的建议，那是不会有好结果的。当然，6 月 24 日日终前拿下卢布林，我们未必能做到。不过我们应该试一试，对入侵之敌实施强大的反突击。为此，我们可以调集近 5 个机械化军。我认为，现在主要的任务是迅速将各机械化军集结于战场，同时发动强大的反突击。参谋长同志，现在需要立刻将有关战斗命令传达到部队，并监督执行情况。要特别注意在开进和进入交战时对各机械化部队进行可靠的空中掩护。与此同时，给波塔波夫规定以下任务：他的集团军要以全部兵力与第六集团军右翼协同作战，在方面军航空兵支援下，阻止德军继续向我国腹地推进。"

对于司令员基尔波诺斯的话，瓦舒金表示赞同，普尔卡耶夫默默地点了点头。

　　这时，朱可夫和被任命为方面军军事委员会委员的赫鲁晓夫来到塔尔波诺尔。朱可夫表示赞同基尔波诺斯的决定，并建议马上下达准备反突击的命令。

◎ 苦战仍难阻挡

6 月 23 日，德军北方集团军群的第二集团军击退了苏军第十六步兵军所属第五、第三十三步兵师。德军目标直指立陶宛的第二大城市考纳斯。在距该城约 18 公里处，德军遭到苏军的顽强抵抗，进攻步伐受阻。然而，城内原住民纷纷起义反抗他们眼中的苏联侵略者，并占领了广播电台。19 时 30 分，立陶宛陆军司令部一名代表发表广播讲话，恳求德国最高统帅部直接空袭苏军占领的考纳斯城，并给予撤退之中的苏军部队以沉重打击。

同一天，苏军西北方面军司令员库兹涅佐夫根据第 3 号命令，在未经必要准备的情况下，发动了反突击。预定参加反突击的有第八集团军和第十一集团军所辖 2 个机械化军和一部分步兵兵团。许多部队第一天就陷入苦战，第十一集团军主力遭到德军坦克第四集群摩托化第五十六军和坦克第三集群左翼兵团的集中突击，受到严重削弱。在施亚乌里亚什方向参加反突击的只有第八集团军的摩托化第十二军和第十一集团军的摩托化第三军的 1 个师。

由于时间仓促，苏军实施反突击的各兵团未能在同一时间投入交战，各部队之间无法建立联系和协同。如此一来，反突击变成了一场实力悬殊的遭遇战，苏军顽强抗击三昼夜，不敌德军，被迫退却。

同时，苏军第四集团军的第十四机械化军对德军的装甲部队实施仓促的反冲击，也以失败告终。整个集团军被德军第二装甲集群分割，被迫向普里皮亚特河以北的平斯克和斯卢茨克方向且战且退。

到战争爆发的第4日，德军的装甲集团在西方面军两翼已深入苏联国土200公里，配置在比亚威斯托克突出部的苏军西方面军主力第三、第四、第十集团军有被合围的危险。正在西方面军司令部的副国防人民委员沙波什尼科夫元帅马上向苏联最高统帅部报告了这一形势，请求允许方面军主力从比亚威斯克突出部撤向旧筑垒地域一线。统帅部同意了沙波什尼科夫的请求，命令西方面军司令员巴甫洛夫迅速将配置在比亚威斯克突出部的第三、第十集团军撤至利达、斯洛尼姆、平斯克一线。

然而，庞大的苏军部队选择退却的是一条不到60公里的走廊，而且走廊内只有为数很少的几条乡间土路，加上德军紧追不舍，苏军被迫同左、右、后翼的德军激战。由于部队连续混战，得不到补充，汽车和燃料短缺，苏军未能甩掉如狼似虎的德军。到了6月26日，德军中央集团军群的第三、第二装甲集群推进至明斯克附近。苏军第十三集团军为了守住明斯克，与来自南、北两个方向的德军第二、第三装甲集群展开了激战。

此时，希特勒和陆军总部、中央集团军群之间就在何处收拢合围口的问题上发生了分歧。中央集团军群司令博克元帅及其下属哥特、古德里安主张在斯摩棱斯克进行大纵深包围；希特勒担心装甲集群贸然东进会导致失败，要求在诺沃格鲁多克完成对苏军的合围；陆军总部则在命令中明确指出合围地点应是明斯克。中央集团军群在实战中一面在明斯克收拢包围圈，一面又允许古德里安的第二十四装甲军继续朝别列纳津河的博勃鲁伊斯克和第聂伯河畔的罗加切夫前进。

23 日这一天，波罗的海的苏联海军同样悲惨。"格涅夫尼格号"驱逐舰遭到德国海军重创后，不久便沉没了。"马克西姆·高尔基号"巡洋舰损坏严重，踉踉跄跄地驶入喀琅施塔得海军基地。在温道以西海域，德国冯·米特尔施泰特海军中校指挥 U-I44 号潜艇，用鱼雷将苏联海军 M-78 号潜艇击沉。

6 月 24 日，德军占领立陶宛首都维尔纽斯。喜纳斯－陶格夫匹尔斯方向失去了侧翼掩护，德军乘胜向位于拉脱维亚和白俄罗斯的西德维纳河推进。

与此同时，德军第二九一东普鲁士步兵师第五〇五步兵团的侦察巡逻队突至距离拉脱维亚港口利耶帕亚不到 50 公里的地方。在这里，他们遭到了苏军的顽强抵抗。次日凌晨 1 时 30 分，在冯·迪耶斯特中校的海军突击分队的配合下，第二九一师对利耶帕亚港实施了突袭。他们沿着狭长阵线对苏军防线发起了进攻，但在苏军的顽强反击之下迫不得已只能撤退。第 2 轮进攻由施恩克海军中校指挥的第五三〇海军炮兵分队发起，但被苏军第六十七步兵师奋力击退。第六十七师试图直接从北部和东北部突围，尽管没有遇到德军第五〇四步兵团第二和第三营的太多抵抗，却被第二九一步兵师的炮火击退。两天后，苏军部队再次试图突围，这一次虽然遭受了惨重的伤亡，但终于有一小股部队突出重围，进入立陶宛内陆地区，其余大部分部队受阻并再次退回港口。最终在 1 个海军突击营和海军特种作战司令部的支援下，德军第五〇五步兵团从南部突入这个港口。至 28 日，利耶帕亚港落入德军之手，克劳森海军少将随即率领 C 海军司令部进驻该港口。

24 日中午，随着驻立陶宛的苏联军队的进一步撤退，执行战斗巡逻任务的德军第一二三侦察营在弗洛雷特中尉的指挥下，开进考纳斯城内，与立陶宛陆军司令部取得联系，并接管了广播电台。17 时 15 分，德国第二集团军先头部队抵达该市，随后到来的还有第八十九、第四〇五步兵团和第一二一侦察营。两天后，德军第五〇一宣传连占领了考纳斯广播电台，第一次用德语发表了广播演说。

德军的到来受到了波罗的海国家民众的热烈欢迎，他们将德军视为解放者。据一名德军回忆："立陶宛人民喊着热烈的口号欢迎我们进城，还向我们献上了鲜花。他们在房前的桌子上堆满了牛奶、咖啡、鸡蛋、面包、黄油等食品。我方军人也学着用当地的语言和口音向他们致谢。"

6 月 26 日，北方集团军群的德军趁苏军混乱之际，派出一个小分队巧妙伪装成苏军伤员，混入苏军运输队，到达西德维纳河，并夺占了一个渡口。待曼施坦因的第五十六装甲军赶到后，开始强渡西德维纳河，并在陶格夫匹尔斯北部建立了桥头堡。苏军为了恢复防御正面并占领有利阵地，西北方面军司令员库兹涅佐夫经统帅部同意后，向第八、第十一集团军发出后撤并在西德维纳河右岸设防固守的命令。同时，又从方面军预备队中急调空降兵第五军和第二十一机械化军（含第二十七集团军一部），前往陶格夫匹尔斯地区，企图封堵两个集团军之间的缺口，阻挡德军第四装甲集群从陶格夫匹尔斯地域向前推进，并对德军第五十六装甲军占领的桥头堡发起反击。然而，苏军仓促组织起来的防御并不坚固，第二十七集团军未能挡住来势凶猛的德军装甲部队的冲击，被迫放弃了陶格夫匹尔斯城，向东面的维利卡亚河后退，遭到重创的第八集团军在通往里加的接近地区陷入苦战。

◎ 狂飙突进

6 月 27 日，苏联最高统帅部决定，将布琼尼元帅的统帅部预备队集团军群（第十九、第二十、第二十一、第二十二集团军）部署在西德维纳河和第聂伯河上游一线，占领并坚守克拉斯拉瓦、迪斯纳、波洛茨克筑垒地域、维切布斯克、奥尔沙、第聂伯河直到洛耶沃一线，目的是加强西方面军的防御力量。

6 月 28 日，德军第二、第三装甲集群攻下明斯克，完成了对苏军西方面军的大包围。同日，德军第四、第九集团军把比亚威斯托克包围圈同东部的诺沃格鲁多克大包围圈完全分割开。被合围的苏军西方面军在极端困难的条件下，向东和东南方向突围，但是大部被俘或被歼。至 7 月初，西方面军的44 个师中有 24 个师被德军击溃，其中 20 个师损失了 30% ~ 90% 的人员和装备。

6 月 29 日，苏联最高统帅部命令西北方面军继续固守西德维纳河地区，并将预备队和北方面军调来的部队集结于普斯科夫、奥斯特罗夫、诺沃尔热夫、波尔霍夫地域，其任务是在普斯科夫筑垒地域和奥斯特罗夫筑垒地域一线组织坚固的防御。

6月30日，斯大林撤了西北方面军司令员库兹涅佐夫上将的职务，由第八集团军司令索边尼科夫少将接任，瓦图京中将任参谋长。尽管苏军采取了更换领导人员的措施，但是西北方面军还是无法完成最高统帅部赋予的任务，第二十七集团军未能挡住德军第四装甲集群的钢铁洪流，开始向奥波奇卡方向退却，奥斯特罗夫方向失去了掩护。

同一天，西方面军司令员巴甫洛夫也被解除职务，并与方面军参谋长克利莫夫斯基、通信兵主任格里戈里耶夫将军、炮兵主任克利奇以及司令部的另外几位将军一同被送交军事法庭，并被处决。国防人民委员铁木辛哥元帅出任西方面军司令员，马兰金中将任参谋长，西方面军的任务是：扼守西德维纳河、第聂伯河至洛耶沃一线，掩护斯摩棱斯克方向。

7月1日，苏军放弃拉脱维亚首都里加，开始向爱沙尼亚方向撤退。苏军第十一集团军也被打散，毫无秩序地向谢别日和涅维利败退。此时，苏军在普斯科夫方向重新出现了缺口。同日，德军南方集团军群右路的第十一集团军和罗马尼亚部队开始横渡普斯特河，向德涅斯特河挺进。德军的进攻虽然遭到苏军有准备的抵抗，仍于2天后突至莫吉廖夫－波多尔基斯，南线局势开始恶化。

7月3日，德军2个装甲集群合编成第四装甲集团军，继续向东和东南方向追击逃避合围的苏军，迅速向斯摩棱斯克挺进。德军第四装甲集团军先遣支队突至波洛茨克西北的西德维纳河和罗加乔夫附近的第聂伯河，遭到苏军的顽强反击，但是未能阻挡住德军的进攻。

7月4日，德军南方集团军群占领了奥斯特罗格。

7月6日，苏军预备队第一机械化军和第四十一、第二十二步兵军尚未进入普斯科夫和奥斯特罗夫筑垒地域，德军先遣部队便占领了奥斯特罗夫。

7月8日，德军中央集团军群司令博克元帅宣布："对明斯克的两路夹击已告成功。"此次作战德军的具体战果为：击毙苏军数万人，俘获近29万人，击毁坦克2500多辆，火炮1500多门，飞机250多架，机动车数千辆，消灭苏军22个步兵师和相当于7个坦克师、6个机械化旅的兵力。古德里安和霍斯的两个装甲集群的大纵深快速突破，为中央集团军群的成功合围立下了头功，为此古德里安获得了"飞毛腿海因茨"的绰号。同一天，德军南方集团军群突破了苏军旧筑垒地域的防线，夺取了别尔季切夫。

7月9日，德军北方集团军群拿下普斯科夫，其快速部队直指列宁格勒。为了肃清普斯科夫和奥斯特罗夫地域突入之敌，索边尼科夫根据总指挥部的命令，将第一机械化军和第四十一、第二十二步兵军编成一个新的第十一集团军（原第十一集团军各兵团转隶第二十七集团军），在普斯科夫接近地和诺沃尔热夫西北地域与德军激战，掩护列宁格勒方向。苏军第二十七集团军从西德维纳河且战且退，在韦利卡河至伊德里察河一线组织起防线。卢加战役集群沿卢加河迅速构筑防御地区，以掩护列宁格勒的接近地。德军突入普斯科夫，苏军第八集团军陷入困境，断绝了与方面军主力部队之间的联系，被迫向北且战且退。次日，苏军第八集团军退至皮亚尔努、塔尔土一线进行防御。第八集团军的不断向北后退，使得苏联红军波罗的海舰队受到严重威胁，被迫撤离利耶帕亚、里加湾诸港口，驻防塔林。至此，苏军西北方面军丧失了立陶宛、拉脱维亚和俄罗斯联邦的部分领土。德军向前推进了 400～450 公里，进逼苏联的西北重镇列宁格勒。

同日，德军南方集团军群攻占乌克兰的日托米尔。这时，不仅乌克兰首府基辅有被占领的危险，而且苏军西南方面军主力也有被歼灭的可能。为了保障西南方面军主力迅速撤至旧筑垒地域一线，确保基辅安全，苏军第五、第六集团军以及机械化军对德军第一装甲集群的翼侧日托米尔北翼发动了强大的反突击，迫使德军放弃合围西南方面军主力和从行进中夺取基辅的企图。苏军第六、第二十六、第十二集团军利用有利时机，撤至别尔季切夫、赫美尔尼克、列基切夫一线；南方面军右翼也撤至卡缅涅茨－波多利斯基以南。至此，德军南方集团军群向前推进了 300～350 公里。

7 月 10 日，德军中央集团军群联手北方集团军群，几乎攻占了白俄罗斯的全部领土，向苏联境内推进了 450～600 公里，斯摩棱斯克面临被德军占领的危险。

苏军在斯摩棱斯克战役运送的坦克

第六章

打不垮的苏联红军

斯大林在克里姆林宫的一间窗户朝着红场的办公室灯光彻夜不熄，以此向广大苏联民众表明，苏联领导人正在勤奋工作，将同苏联红军和苏联人民一起，为保卫自己的祖国流尽最后一滴血。

◎ 如此演说，一个时代的宣言

在德国全面入侵苏联的最初日子里，由于苏联领导人斯大林对形势的误判，苏军准备不够充分，导致一败再败，尽管斯大林撤换了一些前线指挥官，仍然没有起到立竿见影的效果。不过，随着德军向苏联腹地纵深的推进，苏联红军逐渐从不知所措的忙乱中镇静下来，开始组织有效的反击，德军向前推进的步伐明显慢了下来。到了 7 月中旬以后，德军每前进一步都要付出巨大的代价。

战争爆发的当天，苏联总军事委员会就对西部各边疆军区进行了改组。波罗的海特别军区、西部特别军区、基辅特别军区分别被改组为西北方面军、西方面军和西南方面军，敖德萨军区改编为第九集团军。

6 月 23 日，根据苏共中央政治局的决议，成立了以国防人民委员铁木辛哥元帅为主席，有斯大林、朱可夫、莫洛托夫、布琼尼、伏罗希洛夫、库兹涅佐夫参加的统帅部大本营，负责领导全国的武装力量，总参谋部和国防人民委员会为其办事机关。统帅部大本营的建立，在指挥苏军作战方面发挥了一定的作用，但是由于担任主席的铁木辛哥不具有决策权，凡事需要征求斯大林的意见后才能最终形成决定，因而常常延误战机，给一线部队的作战带来了许多不必要的损失。

6月24日，列宁格勒军区改编成北方面军，并组建了新的南方面军，驻守普鲁特河一线。

6月29日，苏联人民委员会和苏共中央向前线附近各州的党组织和苏维埃组织发布命令，提出要在"一切为了前线，一切为了胜利"的口号下，动员国家全部力量和一切手段抵御侵略，把国家变成一个统一的战斗堡垒，进行一场神圣的战争，无情地打击敌人，誓死保卫苏联的每寸土地，战斗到最后一滴血。

6月30日，苏共中央委员会、苏联最高苏维埃主席团和苏联人民委员会召开联席会议，决定成立以斯大林为主席，莫洛托夫为副主席，有伏罗希洛夫、马林科夫等参加的国防委员会。该委员会是仿效苏联国内战争时期由列宁领导的工农国防委员会建立的，它是苏联卫国战争时期拥有全权的特设最高国家机关，所有的党、政、军机关必须绝对执行它的一切决议。

7月3日，斯大林向苏联人民发表了极富号召力的广播演说，表明了苏联共产党和人民对抗击纳粹德国侵略的坚强决心。这是一篇著名的战争动员广播演说，可以说是一个时代的宣言书，全文实录如下。

同志们

公民们

兄弟姊妹们

我们的陆海军战士们

我的朋友们

我现在向你们讲话

希特勒德国 6 月 22 日向我们祖国发动的背信弃义的军事进攻，仍在进行着。我们的红军虽然进行了英勇的抵抗，敌人的精锐师团及其空军部队虽然已被击溃，被埋葬在战场上，但是敌人又增派了兵力，继续向我国纵深入侵。

希特勒的军队侵占了立陶宛、拉脱维亚的大部分地区、白俄罗斯西部地区、乌克兰西部一部分地区。法西斯德国的空军正在扩大轰炸范围，疯狂地轰炸摩尔曼斯克、奥尔沙、莫吉廖夫、斯摩棱斯克、基辅、敖德萨、塞瓦斯托波尔等城市。

我们的祖国面临着严峻的考验。我们光荣的红军怎么能容忍法西斯分子侵占了我们的城市和地区呢？难道法西斯德国的军队真的像他们的所谓宣传家鼓吹的那样，是不可战胜的军队吗？当然不是。

历史表明，不可战胜的军队不只是现在没有，过去也没有过。拿破仑的军队曾经被认为是不可战胜的，可是他的军队先后被俄国、英国和德国的军队击败了。在第一次帝国主义大战时期，威廉的德国军队也曾经被认为是不可战胜的，可是这支军队曾经数次败给俄国和英法两国的军队，并最终被英法联军击溃了。如今，希特勒的法西斯军队同样不是无敌的。希特勒的军队在欧洲大陆还没有遇到真正的重大抵抗。只是在我国领土上，它才遇到了重大的抵抗。希特勒军队的精锐师团已被我们红军击溃了，也就是说，正如拿破仑和威廉的军队曾经被击溃一样，希特勒的军队同样是可以被击溃的，而且一定能够被击溃。

有人可能会说，我们的一部分领土毕竟被希特勒的军队侵占了，这主要是因为法西斯德国的侵苏战争是在有利于他们军队而不利于我们军队的情况下发动的。问题的关键就在于，希特勒的军队是挑起战争的军队，它完全被动员起来了，他们用来进攻我们并且集结到我们边境的170个师团早就处于临战状态，只要进攻命令一下即可投入战斗；而我们的军队不但需要时间进行动员，还需要时间向边境集结。还有一个情况起了很大作用，那就是法西斯德国不顾被全世界谴责为进攻一方，突然背信弃义地撕毁了同我们在1939年缔结的互不侵犯条约。谁都知道，爱好和平的我们是不愿先破坏条约的，所以是不可能走上背信弃义道路的。

也许有人会问，苏联政府怎么能同希特勒和里宾特洛甫这样一些背信弃义的人和恶魔缔结互不侵犯条约呢？苏联政府是不是犯了错误？我在这里很负责地说，苏联政府什么错误都没有犯！互不侵犯条约是两国间的和平条约。1939年德国政府向我们提出的正是这样的条约。那么，苏联政府可不可以拒绝这样的和平条约呢？我想，任何一个爱好和平的国家都不会拒绝同邻国缔结和平协定，就算是这个国家是由希特勒和里宾特洛甫这样一些魔鬼领导的。当然，这样的条约是有一定约束条件的，即条约既不能直接也不能间接侵犯爱好和平国家的领土完整、独立和荣誉。我们都知道，德国同苏联订立的互不侵犯条约就是这样的条约。

我们同德国缔结互不侵犯条约后，赢得了什么呢？条约保证了我们有至少一年半的和平，这样就使我们有时间组织自己的反击力量。假如法西斯德国胆敢冒险违反条约进攻我国的话，赢的肯定是我们，而输的自然就是法西斯德国了。

法西斯德国背信弃义撕毁条约，进攻我国，赢得了什么，而又输了什么呢？这使它的军队在短期内可能处于某种有利的地位，可是在政治上却彻底输了，它在全世界人民面前暴露了自己侵略者的嗜血面目。毫无疑问，德国这个暂时的军事优势，只是偶然的因素，而我们巨大的政治优势却是长期必然的因素，所以我们的红军在反法西斯德国战争中的胜利是必然的。

鉴于此，我们英勇的陆军，我们英勇的海军，我们的飞行员——我们的雄鹰，我国各族人民，所有欧洲、美洲、亚洲的优秀人士，包括德国的优秀人士，都会谴责德国法西斯分子背信弃义行为而同情苏联政府，赞同苏联政府的行动，并且认为我们的事业是正义的，敌人一定会被击溃，我们一定会取得胜利。

因为强加于我们的战争，我国已经同最凶恶最阴险的敌人——德国法西斯主义展开了殊死的较量。我们的军队正在同以坦克和飞机武装到牙齿的敌军英勇作战。红军和红海军正在克服重重困难，为保卫每一寸国土而奋勇战斗。拥有数千辆坦克和数千架飞机的红军主力部队正在投入战斗。我们红军战士的勇敢精神是举世无双的。我们对敌人展开的反击日益加强。全苏联人民同红军一起奋起保卫祖国。

为了解除祖国面临的危险，需要做些什么呢？为了战胜敌人，应该采取哪些措施呢？

首先，必须使我们苏联人了解到我国当前面临的严峻形势，坚决放弃泰然自若、漠不关心的态度，放弃和平建设的情绪，有这种情绪在和平时期是可以理解的，但是目前，当战争来临的时候，就是十分有害的了。敌人是残暴的，他们的目的是侵占我们用自己的汗水浇灌出来的土地，掠夺我们用自己的劳动获得的粮食和石油；他们的目的是恢复地主政权，恢复沙皇制度，摧残俄罗斯人、乌克兰人、白俄罗斯人、立陶宛人、拉脱维亚人、爱沙尼亚人、乌兹别克人、鞑靼人、莫尔达维亚人、格鲁吉亚人、阿尔明尼亚人、阿塞拜疆人以及苏联其他各自由民族的民族文化。因此，这是苏维埃国家生死存亡的问题，是苏联各族人民生死存亡的问题，是苏联各族人民享受自由还是沦为奴隶的问题。我们必须了解这一点，不要再对此漠不关心，动员起来，按新的对敌人毫不留情的战时轨道来改造自己的全部工作。

其次，必须使垂头丧气分子和胆小鬼、惊惶失措分子和逃兵在我们的队伍中毫无容身之地，使我们的人在斗争中无所畏惧，并且奋不顾身地投入反法西斯奴役者的卫国解放战争。我们国家的缔造者伟大的列宁同志曾经说过，苏联人的基本品质应当是在斗争中勇敢、大胆、不知畏惧、决心同人民一起为反对我们祖国的敌人而战斗。

必须使布尔什维克的这种优良品质成为红军、红海军以及苏联各族人民所具有的美德。

我们应当立即按战时轨道来改造我们的全部工作，一切服从前线的利益，一切服从粉碎敌人的组织任务。苏联各族人民现在都应该知道，德国法西斯主义对保证全体劳动者享有自由劳动和美好生活的我们的祖国是极端痛恨和仇视的。苏联各族人民应当奋起反抗，保卫自己的权利和自己的国土。

红军、红海军和苏联全体公民应当捍卫每一寸国土，应当为保卫我国的城市和乡村战斗到最后一滴血，应当表现出我们固有的勇敢、主动和机智精神。

我们应当组织起来全面支援我们的红军，保证红军队伍得到充足的补充，保证供应红军一切必需品，组织军队和军用物资的迅速运输，以及广泛救护伤员。

我们应当巩固红军的后方，使全部工作都服从于这个事业的利益，保证加强一切企业生产更多的步枪、机关枪、大炮、子弹、炮弹、飞机，组织对工厂、电站、电话和电报联络的卫护工作，整顿地方的防空事宜。

我们应当与一切扰乱后方分子、逃兵、惊惶失措分子和造谣分子进行无情的斗争，消灭间谍、破坏分子以及敌人的伞兵，从各方面大力支援我们的歼敌营。

敌人阴险狡猾，善于欺骗和造谣，必须注意到这一点，不要受敌人的挑拨。凡是因惊惶和畏惧而妨害国防事业的人，不论是谁，都应当立即交付军事法庭。

当红军部队不得不撤退时，必须运走铁路上的全部车辆，不给敌人留下一部机车、一节车厢，不给敌人留下一公斤粮食、一公升燃料。集体农庄庄员应当把所有牲畜赶走，把粮食交给国家机关保管，以便运到后方。不能运走的贵重物资，其中包括有色金属、粮食和燃料等，应当绝对销毁。

在敌占区，一定要建立骑兵和步兵游击队，建立破坏小组，以便同敌军斗争，以便遍地燃起游击战争的烽火，以便炸毁桥梁、道路，破坏电话和电报联络，焚毁森林、仓库和辎重；要造成使敌人及其所有走狗无法安身的条件，步步追击他们，消灭他们，破坏他们的一切设施。

我们与法西斯德国的战争决不能看成一场普普通通的战争，这场战争不仅是两国军队之间的战争，同时也是全苏联人民反对德国法西斯军队的伟大的卫国战争。这个反法西斯压迫者的全民的卫国战争的目的不仅是要消除我国当前面临的危险，还要帮助那些呻吟在德国法西斯主义枷锁下的欧洲各国人民。

在这场卫国战争中，我们不是孤立的。在这场伟大战争中，我们将获得可靠的同盟者，即欧洲和美洲各国人民，当然也包括受希特勒纳粹分子奴役的德国人民。为了保卫我们祖国的自由而进行的战争，将同欧洲和美洲各国人民为争取他们的独立、民主自由的斗争汇合在一起，这将是各国人民争取自由、反对希特勒法西斯军队的奴役和奴役威胁而结成的统一战线。英国首相丘吉尔先生关于帮助苏联的历史性的演说和美国政府关于准备帮助我国的宣言就是十分明显的例证，苏联各族人民对演说和宣言表示衷心地感谢。

同志们！我们的力量无穷无尽，不可一世的敌人很快就会明白的。与我们的红军一道奋起对进犯我国的敌人作战的，有成千成万的工人、集体农庄庄员和知识分子。我国千百万人民群众都将奋起作战。莫斯科和列宁格勒的劳动者已经开始成立成千上万的民兵，来支援我们的红军。在我们反对德国法西斯主义的卫国战争中，在每一个遭到敌人侵犯的城市里，我们都应当成立这样的民兵，发动全体劳动者起来捍卫自己的自由、自己的荣誉、自己的祖国。

为了能迅速动员苏联各族人民的一切力量反击进犯我们祖国的敌人，我们成立了国防委员会，它把国家的全部权力集中在自己手中。国防委员会已经开始工作，它号召全国各族人民团结在列宁－斯大林党的周围，团结在苏联政府的周围，以忘我的精神支援我们的红军和红海军，彻底粉碎敌人，迎接最后的胜利。

用我们的一切力量来支援我们英勇的红军和我们光荣的红海军！

用人民的一切力量来粉碎敌人！

为争取我们的胜利，前进！

苏联人民热烈响应斯大林的号召，响应党和政府的号召，纷纷加入一线作战部队，愿为保卫祖国献出自己的一切。

◎ 只能坚守

7月6日，苏军在日洛宾附近渡过第聂伯河，向德国第四十六装甲军的右翼发动进攻，但立刻被德军第十摩托化步兵师击退。古德里安接到空中侦察报告说，苏军后续兵力由奥廖尔－布良斯克地区向戈梅利方向前进，从无线电窃听中，发现苏军在奥尔沙地区有一个军团司令部。由此看来，苏军似乎是想沿着第聂伯河建立新的防线，所以古德里安必须赶快采取行动。

古德里安的第十七师在先诺附近被阻，与配有大量装甲车的苏军遭遇，发生苦战。因为第二十四装甲军已经到达了第聂伯河，所以关于未来的作战方向，势必要立即作出决定。古德里安没有接到上级的任何指示，所以只好假定原来第二装甲兵团直趋斯摩棱斯克－艾尔雅－罗斯拉夫尔地区的计划仍然有效。

古德里安是遵照原定计划，指挥装甲部队一鼓作气冲过第聂伯河，还是坐视苏军建立他们的新防线，等候步兵军赶上来以后，再发动渡河战役呢？

他深知这个决定的重要性，只要渡过河，3 个装甲军的侧翼就会完全暴露出来，有遭到苏军反击的可能。经过一番斟酌后，他决定，乘苏军立足未稳，立即渡过第聂伯河，继续向斯摩棱斯克挺进。他命令两翼方面暂时停止战斗，各负责指挥官继续监视敌军。

德军阅兵仪式

7 月 9 日，德军南方集团军群的装甲先头部队突击到基辅外围的日托米尔，由于步兵团没有跟上，力量不足，所以没有对基辅发动总攻。损失严重的苏军西南方面军多处主力部队遭到敌军合围，此时古德里安已经掉转矛头，而中央集团军群主力随时可能南下，对基辅形成南北夹击之势。这样，苏军西南方面军的几乎全部主力将被合围。

鉴于此，苏军西南方面军司令员基尔波诺斯和新任参谋长图皮科夫在听取作战部长巴格拉米扬上校的报告后，提出了一个大胆的也是无奈的建议，即撤回第聂伯河，放弃基辅。这个办法将在最不利的情况下尽可能地保存方面军的主力，并为纵深防御做好充足的准备。基尔波诺斯觉得他们的力量不足以说服斯大林改变战略，于是决定向老元帅布琼尼请求帮助，但布琼尼也没能说动斯大林，最终得到的回答是"死守基辅"。后来，基尔波诺斯向苏军总参谋长朱可夫汇报了他们的想法，朱可夫答应向苏联最高统帅部报告。

7月10日，国防委员会将统帅部大本营改组为最高统帅部大本营，由斯大林亲自担任主席。

与此同时，为了改善对各方面军的指挥，建立了三个战略方向总指挥部，即西北方向总指挥部、西方向总指挥部和西南方向总指挥部，分别由伏罗希洛夫、铁木辛哥和布琼尼任司令。它们的主要任务是：对在该方向上行动的方面军和舰队实施战略领导，协调其行动，检查它们对大本营训令的执行情况，领导后勤工作。然而，各方向总指挥部本身并不掌握足以影响军事行动的预备队及物资器材，又缺乏足够的参谋人员和通信工具，而且没有最高统帅部的同意，不能采取任何大的行动，无法发挥所预想的作用，有时还把指挥程序复杂化了。

7月12日夜，苏军第十九集团军司令官科涅夫审讯第一批德军俘虏。科涅夫问一个德军机枪手："哪个师的？"机枪手置之不理，撇开两条长腿站在那里，轻蔑地合上他那长着棕色睫毛的眼睛。

科涅夫强压心头怒火，对翻译命令道："把问题给他重复一遍。"

"坦克十七师的。"机枪手终于开了腔。

"你们师的部队驻扎在哪里？"

"不知道。"机枪手挑衅地看着科涅夫说，"不过，我可以告诉你，我们师明天就会站在斯摩棱斯克城头！"

科涅夫命令将德军机枪手带下去，他心里很清楚，俘虏敢如此嚣张，全是因为德军的咄咄逼人和己方的节节败退。"这又有什么办法呢？主动权完全握在人家手里。他们为所欲为，根本不给我们调来兵力和组织防御的机会。"科涅夫痛苦地想着。

正当苏军在斯摩棱斯克进行艰苦防御的时候，铁木辛哥前往第十九集团军视察工作，在通往斯摩棱斯克的公路上，遇到3架德军俯冲轰炸机的袭击。炸弹呈扇面形落下，没有炸到他们，轰炸机转身飞走了。铁木辛哥从地上爬起来，拍拍身上的土，挥着拳头对着飞去的德国飞机说："咱们走着瞧吧！"这时，他看到了露出地面的高射炮炮身，就走到高射炮前，说："高射炮啊，为什么不开炮？"一位身材不高但很结实的中士跟元帅说，他是代连长，在昨天打德军坦克的时候，连长阵亡，炮兵排长负重伤。

"为什么不开炮？"铁木辛哥惊异地问。

"开不了了，元帅同志，没有炮弹。真想打死这些魔鬼，可是没有炮弹。"

此时，在斯摩棱斯克前面的开阔地带，苏联的第十九、第十六、第二十二集团军正在与德军展开激战。苏军统帅部采取一切措施，力求阻止德军的前进，但两个方向的形势都十分不利。由于没有航空兵的支援，坦克和炮兵的数量也不足，第十九集团军的处境非常糟糕，集团军各部一边抵抗德军坦克的冲击，一边缓缓后退。步兵第二十五军竭力向苏拉日、维特布斯克挺进，军长已通过电台请求增援。而步兵第三十四军与集团司令部失去了联系，他们的命运如何，无人知晓。其他兵团的处境也很不妙。

当科涅夫的第十九集团军向维特布斯克进攻而元气大伤时，德军第二装甲兵团已经开始向斯摩棱斯克发起进攻。科涅夫向铁木辛哥报告："我们已经没有一个有战斗力的满员兵团了，只靠一些分队守住防线。4天中，我们没有任何航空兵的支援，面对德军装甲部队的进攻，我们只能坚守。"

◎ 合围与突围

7月13日17时，德军第二装甲集群司令古德里安到了新司令部，这个地点异常接近前线。从南面传出激烈的枪炮声，表示"大德意志"步兵团正在与苏军发生激战，这个团掩护着侧翼部队。夜里，古德里安收到了一个求救的呼声：大德意志团已经把他们所有的弹药打光了。这个团还没有适应苏联战场上的作战状况，所以要求赶紧补充弹药。事实上，这却不可能。就在这一天，德国陆军总部第一次想到把古德里安的第二装甲兵团调往南面或东南方向。

7月14日，古德里安的第二装甲集群的先头部队攻占了斯摩棱斯克城东的第聂伯大桥。斯摩棱斯克曾经是拿破仑军队通往莫斯科道路上的可怕的障碍。

7月15日，古德里安接到战报，第二十九摩托化步兵师已经攻到距离斯摩棱斯克18公里的地方。古德里安认为斯摩棱斯克即将攻下，于是他立即决定亲自到前线部队去。

7月16日，古德里安发现了苏军在从戈梅利到克林齐之间有进一步增兵的迹象，同时在斯摩棱斯克以东的运输也十分频繁。古德里安对于苏军的动向已经完全明了，虽然情况如此的困难，但他没有动摇当初的决心，决定尽可能最快地达成上级赋予他的任务，各军奉命继续向前挺进。

7月17日，古德里安飞往第二十四装甲军军部，还去视察第一骑兵师，该师正和从第聂伯河东岸进攻的苏军发生苦战。苏联红军正在迂回莫吉廖夫、奥尔沙以东、斯摩棱斯克以南和以北等地区进攻。此时，古德里安的步兵部队沿着第聂伯河一线展开。

这一天，古德里安陆续收到报告，第一骑兵师到达斯塔伊拜恰大的东南方；第四装甲师在齐里可夫与莫来提乞之间；第三装甲师位置在乔塞与莫来提乞之间，第十摩托化步兵师在莫吉廖夫的南面，对莫吉廖夫的苏军形成了合围；第十装甲师突破了波罗茨克；党卫军"帝国"师在它的后面；"大德意志"步兵团在莫吉廖夫北面；第十八装甲师到达了克拉斯尼地区，第十七装甲师在来地－都布罗夫罗地区。几支先头部队齐头并进直插斯摩棱斯克的侧后，而步兵已经渡过了第聂伯河。

针对德军的合围，苏军很快开始组织反击，大约有20个师的兵力猛烈直插古德里安第二装甲集群的右翼，同时被围困在莫吉廖夫、奥尔沙的部队开始突围。苏军希望能将德军的步兵驱赶至第聂伯河右岸，从而孤立占领斯摩棱斯克的摩托化步兵师和前卫的装甲师。苏军以强大的兵力展开猛烈反击，德军的装甲部队随时有被切断补给线的危险。古德里安仍然采用大胆冒险的方法应对，他决心以最快的速度向前突进，击垮斯摩棱斯克附近的苏联守军。古德里安信奉弗里德里希大帝的名言：进攻愈猛烈，伤亡愈小。

7月18日，古德里安的第十七装甲师由侧卫的位置抽出，开到斯摩棱斯克以南地区，以对付从北面向该城反攻的苏军。在激战中，该师师长韦布受了重伤，不久即阵亡。但是，战局的发展正如古德里安所料，在德军装甲部队闪电般的穿插中，苏军组织的多次反攻都以失败告终，背后则不断遭到德军装甲部队的突击。

7月19日，斯大林被任命为苏联国防人民委员。希特勒也是在这一天签发了第33号作战指令，要求德军继续向苏联腹地推进，寻机歼灭抵抗的苏联红军。

元首兼国防军最高司令 元首大本营

国防军统帅部／国防军指挥参谋部／国防处（作战组）1941年7月19日

1941年第441230号绝密文件

仅传达到军官

第33号指令

一、随着"斯大林防线"被突破和各装甲集群的纵深突进，东方战线第2阶段的一系列会战圆满结束。

中央集团军群消灭快速部队之间的敌强大兵力集团战斗仍需较长时间才能结束。

南方集团军群北翼部队的作用和机动受到基辅要塞及背后苏军第五集团军的限制。

二、下一步作战任务：阻止其他的敌强大兵力集团撤至苏联纵深区域，并将其歼灭。

为此，必须做好下列准备：

1. 东南战线

最重要的目标：通过发动向心突击，歼灭仍在第聂伯河以西的敌第十二、第六集团军。罗马尼亚主力部队负责在南面掩护此次作战行动。

在中央集团军群南翼部队和南方集团军群北翼部队的夹击下，敌第五集团军很有可能最先受到毁灭性打击。

中央集团军群在完成当前任务、保障后勤补给并部署好对莫斯科方向的掩护兵力后，除若干步兵师挥师南下外，应派出其他兵力主要是快速部队向东南方向移动，目的是阻止已到达第聂伯河对岸的敌军逃入苏联纵深地区，并将其歼灭。

2. 东线中央

中央集团军群在消灭被包围的敌大量兵力集团和得到补给后，接下来的任务是：步兵部队继续向莫斯科推进的同时，以未被派往东南方向第聂伯河防线背后的快速部队切断莫斯科－列宁格勒的交通线，在右翼掩护北方集团军群向列宁格勒推进。

3. 东北战线

待第十八集团军和第四装甲集群建立联系以及深远的侧翼由于第十六集团军向东实施突击而得到了可靠的掩护后，才可继续向列宁格勒方向推进。与此同时，北方集团军群一定要全力阻止仍在爱沙尼亚作战的苏军撤向列宁格勒。

尽快夺取有可能成为苏联舰队基地的波罗的海诸岛。

4. 芬兰战线

得到第一六三师大部兵力加强的芬兰主力部队的任务仍然是，以拉多加湖以东为主要方向，向当面之敌发动攻击，并与北方集团军群协同歼灭该敌。

第三十六军级司令部和山地军的进攻目标没有变化，不过它们暂时可能得不到航空兵部队强有力的支援，所以必要时作战行动可以暂时延缓。

三、空军

特别注意的是，空军应从战线的中央抽调兵力，派出航空兵部队和高炮部队，必要时迅速前调增援部队或相应地变更部署，重点支援东南战线。

尽快以第二航空队的作战部队（暂时可得到从西线调来的作战部队的加强）空袭莫斯科，作为对敌军空袭布加勒斯特和赫尔辛基的报复。

四、海军

海军的任务：在海上和空中的敌情允许的情况下进行海上运输，主要是为登陆作战输送补给物资。另外，在敌方基地越来越受到威胁的情况下，我军采取的措施应能阻止敌军逃入瑞典的隔离港。

波罗的海兵力腾出来后，应将快艇和扫雷艇派往地中海。

敌军通过海路运来增援部队，给我军在芬兰的作战行动增加了难度。为了支援我军在芬兰的作战行动，应派遣一些潜艇进入挪威海。

五、西线和北线

所有 3 个军种均应考虑如何抗击英军对海峡群岛和挪威海岸可能发动的进攻。

一定要做好从西部地区向挪威所有地区迅速调派空军部队的准备。

（签字）阿道夫·希特勒

◎ 希特勒改变策略

7 月 29 日，朱可夫给斯大林打电话，说有要事求见。得到斯大林同意后，朱可夫来到斯大林的办公室，向斯大林报告了各个方面军的基本情况，特别谈了他对德军行动目的的判断。朱可夫说："在莫斯科方向的德军最近不可能发动大规模的进攻战役，因为他们在斯摩棱斯克损失太大，缺少力量补充各个集团军，以保障中央集团军群的左右两翼。在乌克兰，战斗有可能在第聂伯罗彼得洛夫斯克、克列缅丘格地区展开，因为德军的装甲集群已经到达了这一地区。我们防守最薄弱和最危险的是中央方面军，德军可能向扼守基辅的西南方面军的侧翼和背后发起突袭。"

斯大林问朱可夫有什么建议。朱可夫说："加强中央方面军，从西方面军和远东地区抽调部队，同时西南方面军必须马上全部撤过第聂伯河。在中央方面军和西南方面军接合部的后面，应集中不少于 5 个加强师的预备队。"

斯大林打断朱可夫的话："那基辅怎么办？"

朱可夫稍作停顿："至于基辅，不得不放弃。"

朱可夫见斯大林沉默不语，继续汇报："在西部方向，需要马上组织反突击以夺回敌方占据的叶尔尼亚突出部，因为德军很有可能利用这个桥头堡进攻莫斯科。"

斯大林终于听不下去了，生气地说："把基辅交给德国人，这不是胡闹吗？"

朱可夫火爆脾气也上来了，针锋相对地说："如果您认为我是在胡闹，那我请求您解除我的总参谋长职务，把我派到前线去。作为军人，我随时准备执行最高统帅部的决定。但是，我对形势和作战方法有自己的看法，并相信这个看法是正确的。我和总参谋部是怎么想的，我就怎么汇报！"

斯大林没有打断朱可夫的话。等朱可夫说完后，斯大林轻轻地说："你先回去工作吧，我们马上研究一下。"

朱可夫心情沉重地离开了斯大林的办公室。他心里很清楚，劝说斯大林放弃基辅是不可能的。半个小时后，朱可夫被叫到斯大林办公室。

斯大林心平气和地说，"朱可夫同志，我们经过研究，决定解除你的总参谋长职务，想让你去做一些实际工作。你有丰富的实战经验，在作战部队肯定能发挥重要的作用。"

"到什么地方去？"

"你想去哪里？"

"我服从统帅部的决定，可以到任何地方工作。"

"你刚才说到要在叶尔尼亚组织反击，那就请你负责这件事吧，把勒热夫－维亚济马防线上的各预备队集团军统一起来，担任预备队方面军司令员。

你打算什么时候动身？”

"一小时后。"

"好吧，让沙波什尼科夫接替你的工作。不过，你仍然是副国防人民委员和最高统帅部的成员。"

在朱可夫劝说斯大林失败后，西南方面军司令部很快便接到了最高统帅部的命令：坚守基辅，切断德军第一装甲集群与步兵军团的联系，攻击装甲军团的侧翼。基尔波诺斯明白，这又是一个无法完成的任务，但是既然最高统帅部下了命令，就只有做好死守基辅的准备，即便最终失守，也要拖上一段时间，最大限度地消耗敌军的兵力。

7月30日，由于苏军的抵抗越来越猛烈，希特勒签发了德军暂停进攻，进行休整的第34号作战指令。

元首兼国防军最高司令 元首大本营

国防军统帅部／国防军指挥参谋部／国防处（作战组）1941年7月30日

1941年第441298号绝密文件

仅传达到军官

第34号指令

最近几天，敌军强大的兵力出现在中央集团军群当面和翼侧，后勤补给状况，给第二和第三装甲集群安排大约10天休整部队的时间的必要性，迫使我们不得不暂时放弃7月19日签发的第33号指令中和7月23日对该指令的补充规定中提出的继续向前推进的任务和目标。

为此，我命令：

一、陆军

1. 东线北部，重点在伊尔门湖和纳尔瓦之间向列宁格勒方向继续发动进攻，目的是包围列宁格勒并与芬兰军队建立联系。

在伊尔门湖以北的沃尔霍夫河畔掩护此次进攻；当有必要掩护伊尔门湖以北的进攻的右翼时，才可以在伊尔门湖以南向东北方向继续发动进攻。

一定要事先稳定大卢基附近的局势。

不必参与这一任务的所有兵力均须用于加强伊尔门湖以北的进攻侧翼。在装甲部队重新全面做好战斗准备前，第八装甲集群应停止原计划对瓦尔代高地实施的突击。不过，一旦需要对北方集团军群的右翼实施掩护时，中央集团军群的左翼必须向东北方向移动。

以第十八集团军全部兵力肃清爱沙尼亚的敌人后，才能将该集团军各师调往列宁格勒方向。

2. 中央集团军群应在地形有利的地段转入防御。

如果为今后进攻敌第二十一集团军而需要占领有利出发地，那么可以组织目标有限的进攻。另外，情况一旦允许，第二和第三装甲集群即从前线撤出，抓紧时间休整。

3. 目前，东南战线只以南方集团军群的兵力继续作战，其作战目的是：歼灭第聂伯河以西的敌强大兵力集团；另外还要夺取基辅及其以南的桥头堡，为第一装甲集群今后向第聂伯河东岸进攻创造有利的条件。

务必在第聂伯河以西同在基辅西北沼泽地区的敌军第五集团军进行交战并将其歼灭，务必及时防止该集团军越过普里皮亚特河向北突围。

4. 芬兰战线

停止向坎达拉克沙方向发动的进攻。山地军应消除来自莫托夫斯基湾的翼侧威胁，第三十六军级司令部仅保留为实施防御和制造准备继续进攻的假象所需的兵力。

第三（芬兰）步兵军争取在络乌希方向切断摩尔曼铁路；所有适合参加这次进攻的兵力都应调往那里，其余可供使用的兵力拨给卡累利阿集团军。

如果第三（芬兰）步兵军的进攻因地形复杂而停止，则应前调我军部队并将其配属给卡累利阿集团军。这里主要是指机动部队、战斗车辆和重型炮兵。充分利用所有可以使用的运输道路，将第六山地师输送给山地军。是否也能使用经瑞典通向纳尔维克的铁路，需通过外交部进行交涉。

二、空军

1. 东北战线

空军应将第八航空军的主力调给第一航空队，将空中攻击的重点转向东北战线；应及时前调增援部队，以便在北方集团军群开始进攻时（8月6日清晨），能将它们使用在主要方向上。

2. 中央战线

留在中央集团军群的空军部队的任务是为第二和第九集团军战线提供绝对必要的歼击机掩护，支援可能实施的局部进攻。同时，对莫斯科的空袭应继续进行。

3. 东南战线

任务照旧。不打算减少在南方集团军群使用的空军部队。

4. 芬兰战线

第五航空队的主要任务是支援山地军，同时还应支援芬兰第三步兵军在有希望取得成功的地方实施的进攻。

有可能要派出兵力支援卡累利阿集团军，为此要提前做好必要的准备。

（签字）阿道夫·希特勒

◎ 殊死较量

8月3日，德军南方集团军群的第一装甲集群和第十七集团军会合，完成了对基辅以南乌曼地域的苏军第六、第十二及第十八集团军一部的合围。

基辅会战期间，惨遭战祸的儿童

8月5日，苏军虽然进行了顽强的抵抗，但斯摩棱斯克还是落入强悍的钢铁巨兽之口，31万苏军成了俘虏。这一天，希特勒亲临前线，来到中央集团军群司令部，并在这里召开了一次军事会议。在座的有中央集团军群总司令博克元帅、第二装甲集群司令古德里安将军、第三装甲集群司令霍斯将军、希特勒的副官长希孟德和陆军总参谋部作战处处长豪辛格上校。

会议开始前，前线的3个人都有一个单独向希特勒汇报情况的机会。博克、霍斯和古德里安不约而同地在汇报时提出立刻向莫斯科进攻的建议。会议大多数时间成了希特勒的个人演说，他走在桌子周围，不断地用眼睛征询式地望着在座的将军们，但是没有给他们插话的机会，只是自顾自地发表着高论。

会议最终没有作出任何决定，但是几天后，古德里安接到命令，要求他的装甲部队向西南方向移动，即调头向德国方面进军，与第二集团军合力进攻戈梅利。古德里安知道，希特勒没有采纳自己和博克元帅提出的建议，他知道陆军总司令布劳希奇和陆军总参谋部的人是不敢顶撞希特勒的。博克同样失望，他不得不把攻势正盛的中央集团军群分兵南北。在希特勒的命令下，中央集团军群暂停了向莫斯科进攻的脚步，除少数兵力作正面防御外，其主力分两路分别向乌克兰和列宁格勒进军。古德里安不得不率部加入南方集团军群的行列，参加基辅会战。

就在这次胜利一个月后，根据希特勒的命令，北方和南方集团军群不得不把中央集团军群的装甲部队悉数交还。对于南方集团军群，这道命令执行起来非常困难，因为该集团军群已经对基辅的苏军形成了一个巨大的包围圈，并且正在收紧。然而，德军要想在基辅取得重大胜利，必将贻误进攻莫斯科的战机，进而给苏联军民在莫斯科的布防活动提供充足的时间。当时莫斯科周边的防御工事主要是由妇女和少年完成的，因为所有的青壮年男子都已应征入伍。

8月8日，斯大林被任命为苏联武装力量最高统帅，总统帅部大本营更名为最高统帅部大本营。最高统帅部大本营是对苏联武装力量的军事行动实行战略领导的最高机构。经过改组，斯大林除担任苏共中央总书记外，同时又是苏联人民委员会主席、国防委员会主席、国防人民委员、苏联武装力量最高统帅，从而形成了在政治、军事和经济等方面的高度集中领导，从根本上克服了战争开始时由于高级军事首长和国家最高领导人在指挥作战上职权不够明确所引起的混乱，大大提高了战略领导的效率。

同日，德军在乌曼进行的战役宣告结束。此役，苏军损失20个师，被俘10.3万人，损失坦克317辆、火炮858门，西南方面军和南方面军接合部的形势越来越严峻。

8月16日，德军北方集团军群的第十六集团军占领了列宁格勒东南部的诺夫哥罗德，次日占领丘多沃，从而切断了列宁格勒－莫斯科的铁路。

8月19日，德军北方集团军群的第五十六装甲军和第十军合围了苏军第三十四、第十一集团军6个师，俘虏苏军18万人。

8月20日，由于战场形势越来越严峻，苏军西北方面军被分为列宁格勒方面军和卡累利阿方面军。同日，德军北方集团军群的第四十一装甲军逼近赤卫军城筑垒地域，从而切断了卢加－列宁格勒铁路和卢加－赤卫军城公路。

8月下旬，德军中央集团军群以古德里安的第二装甲集群为先锋，以强大的装甲部队为主力开始挥戈南下。德军南方集团军群的先头部队也已抵近基辅近郊,只是步兵军团被甩在了后面。当时,苏德两军在基辅一带的对阵形势是:德军已分成两路,绕过基辅,楔入其侧后的东北和东南地带,基辅及其正东地区仍为苏军控制。

8月24日,古德里安将部队分成两路,突破了杰斯纳河,由北向南推进,实施双层包抄,一路居左(东),实施外层迂回,由第三装甲师担任;另一路居右(西),实施内层迂回,这一路的先头部队由"帝国"装甲师充当。同日,从斯摩棱斯克地区长途驰援的德军第三十九装甲军陆续到达列宁格勒附近的丘多沃地区,东路突击力量明显加强。

8月25日,德军北方集团军群沿莫斯科-列宁格勒公路向列宁格勒发动新一轮突击。

8月26日,德军中央集团军群所属第九集团军在大卢基地区围歼苏军第二十二集团军一部,之后,立刻北上与北方集团军群会合。

8月30日,第三十九装甲军进至姆加附近,切断了连接列宁格勒的最后一条铁路线。

8月31日,古德里安的"帝国"装甲师扼守叶尔尼亚突出部,在一天之内连续击退苏军7次强大的冲击。次日,该师收到命令转移至南线作战。他立刻以最快的速度将部队撤出阵地,并做好了强行军的准备。

9月4日,德军"帝国"师按计划投入使用。凌晨3时,预定强渡杰斯纳河的时间已经到了,但是师属炮兵还没有及时赶到,"元首"团在没有炮火掩护的条件下,开始对河对岸的苏军工事发起了攻击。最初一连冲击了3次,均被苏军猛烈的炮火击退。党卫军上尉哈尔梅尔指挥二营紧接着发起第4次冲击,德军装甲部队朝着苏军的堡垒狂轰滥炸,步兵尾随着坦克前进,用密集的火力压制苏军的反坦克小组，尽管坦克损失巨大，但冲击终于取得成功。

9月5日，列宁格勒的战局依然在恶化，斯大林不得不再次换将，任命伏罗希洛夫为列宁格勒方面军司令员。但是，方面军指挥权的频繁更迭并没有扭转列宁格勒的不利局势。斯大林觉得西北方面不是缺少部队和准备，而是缺少一员得力的猛将，倘若列宁格勒失守，德军会迅速腾出手来进犯莫斯科。

◎ 为祖国流尽最后一滴血

9月6日拂晓，德军"帝国"师打响了强渡杰斯纳河的战斗，进攻的重点是拿下河北岸的马科斯欣城，因为河上大桥就在城里。古德里安为了加强指挥，亲自来到"帝国"师前线。

9月8日，苏军前进至乌斯特罗姆河与斯带丽亚那河一带，并以4个集团军的强大兵力在斯摩棱斯克附近转入进攻。虽然苏军最终没能收复斯摩棱斯克，没能守住莫斯科前面的"最后一道大门"，但是将德军中央集团牵制在这一地区长达两个月，极大地延缓了德军对莫斯科的进攻速度，极大地消耗了德军装甲兵团的战斗力，德军所向披靡的装甲部队第一次在苏军阵地上抛了锚。

同一天，德军攻占了施吕瑟尔堡，切断了列宁格勒最后一条陆上交通线，彻底封锁了列宁格勒，城内局势变得非常危急。从此开始了对列宁格勒长达900天的围困，这是二战中时间最长的一次城市封锁战。列宁格勒城内的军民，从此开始了 900 天与饥饿、轰炸、战斗和死亡斗争的漫长征途。

从这一天开始，德军北方集团军群总司令勒布下令对列宁格勒疯狂轰炸，他声称"要用轰炸机把这座城市从地图上抹掉"。不仅轰炸军事目标，还对工厂、大专院校、车站、医院、中小学校、商业中心等人口密集的地方进行野蛮的轰炸和炮击，尤其是轰炸食品仓库，他们希望饥饿能瓦解全城军民的抵抗斗志。一切迹象表明，德军马上就要对列宁格勒发起大规模的进攻。然而，苏联军民是决不肯轻易放弃这个具有象征意义的重要城市的，被围困的军队和市民开始了城市防御巷战的准备。

9 月 9 日，斯大林将正在叶尔尼亚突出部指挥预备队方面军作战的朱可夫紧急召回最高统帅部。来到斯大林的办公室后，朱可夫才知道列宁格勒的局势已经非常严峻。斯大林简单地询问了一些预备队方面军作战的情况，便将话锋一转，开门见山地问朱可夫："派你到列宁格勒去，接替伏罗希洛夫指挥方面军和波罗的海舰队。"

尽管斯大林的话很突然，但是朱可夫早已做好了心理准备，他立刻表示，愿意再次临危受命。当然，他也知道这个任务是非常艰巨的，德军和芬兰军队两路并进，已经推进至距离列宁格勒非常近的地方，而苏军列宁格勒方面军的态势却非常严峻，不知有多少兵力可以机动作战。不过，朱可夫心里有一个坚强的信念，那就是列宁格勒无论如何都不能失守。

朱可夫到达列宁格勒后，夜以继日地工作，他的果断坚决和沉着冷静感染了司令部的每个人。短短几天后，在原有的基础上，列宁格勒附近形成了一条新的防线。该防线北起芬兰湾的斯特列尔纳，经西南的乌里茨克，正南的普尔科沃，东南的科尔皮诺，然后沿涅瓦河到拉加湖西岸的什利谢尔堡。

方面军在朱可夫的指挥下机智顽强地与德军作战，德军在列宁格勒战场失去了主动权，只能坚守阵地，苏德双方在该地区进行了长期而艰苦的拉锯战。

9月14日，古德里安的第三装甲师与克莱斯特的第一装甲集群胜利会师，从而拉上基辅外层包围网。

9月16日，德军"帝国"师攻占了基辅的交通重镇乌代河畔的普利卢基，截断了苏军后撤的通道，拉上了内层包围网。

9月17日，陷入德军包围圈中的苏军西南方面军军事委员会和司令部开始突围。突围部队由上亚罗夫卡村取道皮里亚京，那里有一座桥横跨乌代河。后半夜到了河边，敌航空兵轰炸了渡口，要保持队形是很难的。渡河后，司令部纵队通过了皮里亚京，奔向居民地切尔努哈，但在拂晓前遭到北面德军坦克的冲击，同步兵分队失去了联系。于是，只好改变方向，转到了沿乌代河左岸通过的乡村路，在轰炸和炮击下艰难地行进着。德军多次企图把纵队赶下河，但他们的全部冲击均被打退。

苏军西南方面军司令员基尔波诺斯召集司令部领导人员在一所农舍里开会。参谋长图皮科夫将军报告了情况。德军正从四面八方涌来，尤其在乌代河南岸加强了正面朝北的防御。古德里安的装甲和摩托化部队占领了姆诺加河东岸，北面和西北面的所有大的居民点也都被德军夺占了。

黄昏时分，司令员基尔波诺斯召集西南方面军指挥员讨论突围方案，预定天黑后进行突围。就在这时，德军开始实施猛烈的迫击炮射击。一颗迫击炮弹在司令员基尔波诺斯身旁爆炸，基尔波诺斯一声不吭地倒在地上，胸部和头部负了伤，两分钟后就去世了。基尔波诺斯的副官含着眼泪从首长的上衣取下了金星奖章和各种勋章。

夜间，参谋长图皮科夫带领部队突围。他们悄悄地扑向德军。等惊慌失措的德国人清醒过来时，苏军很多指战员已经为自己杀开了一条血路。他们经受长时间痛苦折磨后，终于回到自己人那里。可是，图皮科夫将军没能和他的战友们一起回来，在距舒梅伊科沃小树林2公里的奥夫季耶夫卡镇旁的枪战中牺牲了。德军离去后，奥夫耶夫卡镇集体农庄的庄员们来到战斗地点，看见苏军指战员的遗体，他们虽然已经牺牲，但手里依然握着武器，手枪和步枪的弹夹里一粒子弹也没剩下。

9月27日，第一场秋雨不期而至，正如德军计划人员事先预料的那样，苏联境内的土质路面顿时变得泥泞不堪，德军的行动受到了阻碍。3天后，德军发起"飓风"行动，开始向莫斯科发动进攻。在这次行动中，苏联3个方面军挡在了德国第二装甲集团军、第三和第四装甲集群的面前。它们分别是：伊万·科涅夫将军指挥的由7个集团军组成的西方面军，安德烈·叶廖缅科将军指挥的由3个集团军组成的布良斯克方面军，由布琼尼元帅指挥的由5个集团军组成的预备队方面军。

第二装甲集团军在古德里安的指挥下，迅速孤立并包围了驻布良斯克的苏军部队。与此同时，德军第九集团军和第四集团军将另外一支苏军切断在铁路小镇维亚济马。

10月6日，布良斯克和杰斯纳河上的桥梁被德军第十七装甲师攻占。城内到处都是军队、重型火炮和内务人民委员会部队，还有为防御作战所储备的10万枚"莫洛托夫"燃烧弹。布良斯克的沦陷使得苏联欧洲部分的一个最重要的铁路枢纽落入德军手中。德军不断收紧对莫斯科的包围圈，同时频频重创苏军。希特勒在柏林吹嘘："苏联已经崩溃，永远不会东山再起了。"

10 月 10 日，朱可夫将军又接过了苏联西方面军的指挥权和莫斯科的防务。西方面军由 8 个集团军构成，防线总长度 280 公里，中心位于莫斯科以西 100 公里的莫扎伊斯克。4 天后，布良斯克失守，尽管许多苏军向东部成功突围，仍有大约 5 万人被德军俘虏。恐怖笼罩着整个莫斯科市。

此时，尽管苏联最高领导人斯大林仍在莫斯科坐镇指挥，但大多数外国使馆和政府机构已撤到伏尔加河对岸的古比雪夫。苏联政府宣布在莫斯科实施战时法令，就连监狱中的囚犯也要登记在册，以备增援之需。斯大林在克里姆林宫的一间窗户朝着红场的办公室灯光彻夜不熄，以此向广大苏联民众表明苏联领导人正在勤奋工作，将同苏联红军和苏联人民一起为保卫自己的祖国流尽最后一滴血。

在苏联的车里雅宾斯克，大型坦克工厂的生产线上正紧锣密鼓地生产强大的 T−34 型坦克。与此同时，苏联还在高尔基和基洛夫两地建立了坦克工厂，苏联人决心不仅在前线赢得战争，在后方也要赢得战争。

10 月 18 日，德军第九集团军抵达莫扎伊斯克，突破了莫斯科的外围防线。第二天，德军收紧维亚济马包围圈，俘虏苏军 67 万人，缴获坦克 1000 辆、火炮 4000 门。然而，由于油料补给严重不足，再加上泥泞的路面削弱了坦克的机动能力，德军第二装甲集团军未能占领奥廖尔。这时，为了向前线输送增援部队和补给物资，德军暂时停下了进攻莫斯科的步伐。

11 月，苏联军民共修建了 1428 个火炮和机枪阵地，挖掘了 160 公里的反坦克壕沟，布设了 12 公里长的带刺铁丝网，构成了莫斯科外围防线的一部分。

12 月 5 日凌晨，科涅夫将军指挥的加里宁方面军打响了反攻的第一枪，他的部队渡过冰冻的伏尔加河上游，对德军发起猛攻。尽管天气极度严寒，但苏联红军仍然遭到了德军的顽强抵抗。在3个苏军集团军中，只有第三十一集团军取得了一定的胜利。次日，第三十一集团军突入德军阵地纵深40公里，夺回了图尔金诺沃小镇。

12月6日，在朱可夫的指挥下，苏联红军在莫斯科发起了反攻。这是一项雄心勃勃的计划，西北方面军、加里宁方面军、西方面军、西南方面军同时从宽阔的正面上发起进攻，进攻收效甚微。

12月7日，苏军第十六集团军投入战斗，但战局并没有因此发生太大的改变。在这样的情况下，苏军继续坚持正面进攻战术，德军则开始有条不紊地组织撤退。遵照斯大林的命令，朱可夫开始转为侧翼攻击，重点进攻莫斯科北部重镇克林，这里控制着通往列宁格勒的铁路线。倘若苏军能够迅速拿下克林，就可以切断和孤立德军第三装甲集群，进而威胁德军中央集团军群的左翼。然而，由于苏军西方面军参谋机关缺乏作战经验，很难控制和实施如此大规模的侧翼进攻计划。

12月13日，铁木辛哥指挥西南方面军向西北方向的叶列茨到利夫内地段展开进攻。其中，第十三集团军撕开了古德里安的第二装甲集群的左翼防线。为了不使自己业已暴露的脆弱的右翼遭到攻击，古德里安被迫下令撤退。

12月18日，苏联最高统帅部在莫斯科以南组建了布良斯克方面军，准备向西北方向进军，对德军中央集团军群实施双层包围。

12月19日，希特勒命令："每个士兵必须坚守原地作战，不准撤退到后方还没有准备好的阵地。"这项命令确实防止了德军中央集团军群走向崩溃，后来，被希特勒视为对付包围战的良药用在所有部队身上。

至此，德军的狂飙突进的日子一去不复返了，而苏联红军不但没有被打垮，反而却越战越勇，最终将入侵者赶出了国境。